MOLECUL'ART
R-EVOLUCIÓN EN TU COCINA

Stéphane Poussardin

MOLECUL'ART
R-EVOLUCIÓN EN TU COCINA

Stéphane Poussardin

Fotografía: Becky Lawton

Argentina - Chile - Colombia - España
Estados Unidos - México - Perú - Uruguay - Venezuela

MOLECUL'ART. R-EVOLUCIÓN EN TU COCINA,
de Stéphane Poussardin.

1ª edición Septiembre 2016

Fotografía: BECKY LAWTON STUDIO
Ayudante de fotografía y estilismo: MÍRIAM RAPADO
Postproducción: BJORN BADETTI
Diseño: JORDI GALEANO
Edición: PERE ROMANILLOS
Dirección editorial: ESTHER SANZ

Ediciones Urano, S.A.U.
Aribau, 142, pral. – 08036 Barcelona
www.edicionesurano.com

ISBN: 978-84-7953-962-7
E-ISBN: 978-84-16715-32-9
Depósito legal: B-16.442-2016

Fotocomposición: Ediciones Urano, S.A.U.

Impreso por: Liberdúplex S.L.
Ctra. BV 2249 Km 7,4 – Polígono Industrial Torrentfondo
08791 Sant Llorenç d'Hortons (Barcelona)

Impreso en España – *Printed in Spain*

SUMARIO

PRÓLOGO

Mi primer «gran postre» fue *Viaje a la Habana* (2000), que nació de la osadía de desobedecer a mi entonces maestro heladero, Angelo Corvitto. Él mantenía que el aire que se introduce en un helado, durante el proceso de mantecación (más de un 30%), debe ser inocuo e inodoro, para que no aporte ningún sabor a la mezcla. Yo me centré justo en lo contrario. Quería experimentar el error, e introduje el humo de un cigarro habano en la mantecadora mientras se pasaba el helado. ¿El resultado? Un helado que sabía a humo de puro.

Sin saberlo, desde mi osadía e inconsciencia, había dado con un proceso muy particular. Las diminutas moléculas de aire encerraban, en su interior, no aire, sino humo, que al derretirse en la boca, desataban una bocanada de humo. Además, las moléculas grasas de la nata, por su naturaleza, hacían que el humo ganara persistencia. A partir de aquel momento, esta técnica de ahumado, que no existía antes de mi experimento, se incorporó en El Celler.

Este descubrimiento fue fortuito. No suelen ocurrir. Por eso, saber qué ocurre en los procesos culinarios es fundamental para poder cambiarlos, y es clave para la creatividad.

Tanto Hervé This como Harld McGee lo saben y, desde su obra, han puesto al alcance de los cocineros herramientas para cambiar el enfoque, para mirar la cocina como nunca antes la habíamos visto. Ya no estamos dorando en la sartén, ¡estamos dando mayllard a una pieza de carne! Ya no cocemos un pescado, ¡estamos cuajando el colágeno! Las reglas son las mismas, pero el lenguaje se ha impregnado de conocimiento en cada proceso.

Stéphane los conoce muy bien y nos resume estos procesos desde la frescura, el descaro, la elegancia, la modernidad, la profundidad, la creatividad y la pasión.

Prologar este libro, de espíritu abierto y lúcido, de mi colega Stéphane, es todo un placer. También me sirve, una vez más, para reconocer mi profunda admiración por la fotógrafa y estilista Becky Lawton, mi artista preferida. Ella tiene un duende especial. Nadie como ella es capaz de crear atmósferas coloreadas con unos velos que acarician.

Las propuestas culinarias se visualizan en este libro con una belleza tan poco frecuente como seductora. Stéphane ha logrado un estilo cercano, riguroso y amable. Los tecnicismos quedan rezagados y aparece un lenguaje claro y directo. Si eres un iniciado en el arte de la cocina, este libro te hará disfrutar y aprender cosas increíbles. Si, por el contrario, tu nivel es más avanzado, estas páginas te servirán para recordar procesos olvidados. A partir de ahora tienes un nuevo amigo en la cocina.

Un libro de consulta para colocar en el primer estante de tu cocina.

¡Con mucho gusto!

Jordi Roca

INTRODUCCIÓN

BIOGRAFÍA DEL CHEF

La constancia y la motivación, junto a un carácter inquieto y una gran capacidad de trabajo, han llevado al cocinero francés Stéphane Poussardin (Aix-en-Provence, 1967) a posicionarse como uno de los chefs más innovadores, vanguardistas y atrevidos de la alta gastronomía actual. «Me apasiona la cocina porque es un arte que me permite desarrollar toda mi creatividad en función de las emociones y las sensaciones que vivo en cada momento». Con esta frase resume Poussardin su filosofía particular. Y es que nunca antes la cocina había estado tan pendiente de las emociones como ahora. Los grandes chefs de hoy en día buscan conmover y emocionar al comensal a través de propuestas culinarias sorprendentes, atrevidas y provocadoras. Para ello, y recuperando a Proust y su famosa magdalena, recurren a los recuerdos infantiles y a los olores y sabores almacenados en la memoria para descontextualizarlos, a la ironía, al sentido del humor..., todo ello en un intento de ofrecer una cocina que rompa con los esquemas a los que nos tenía habituados la cocina clásica, y con la idea de ir más allá de la cocina entendida únicamente desde el paladar y trascender al intelecto a través de estrechas sinergias con la ciencia, el arte y la tecnología. En esta nueva vuelta de tuerca de la cocina contemporánea, el cocinero galo afincado actualmente en Cabrera de Mar, cerca de Barcelona, ofrece sus creaciones culinarias en función de los productos frescos y naturales que le proporciona diariamente el mercado y su inspiración en el momento de trabajarlos. Marcado profundamente por otra de sus pasiones, la escalada, Poussardin vive conectado con lo que le rodea y la naturaleza, lo cual le ha permitido desarrollar una gran sensibilidad que luego canaliza en el momento de ponerse a los fogones.

UN COCINERO EN CONSTANTE FORMACIÓN

La trayectoria de Stéphane Poussardin empieza pronto. Este cocinero precoz se inició en la cocina ingresando como alumno en la Escuela de Hostelería de Aviñón. Con apenas dieciséis años recién cumplidos, Stéphane compaginaba sus estudios con el aprendizaje en el prestigioso Relais et Châteaux del Auberge de Cassagne, galardonado con una estrella Michelin. Para él fue fundamental esa etapa de dos años en la que combinó una formación en la escuela, que le permitió adquirir las bases de la cocina tradicional, con el día a día en un restaurante, lo cual le ayudó a entender en qué consiste exactamente el trabajo de un cocinero. En l'Auberge de Cassagne, y bajo las órdenes del también joven chef Philippe Bouchet, brillante discípulo de Paul Bocuse y George Blanc (dos de los mejores cocineros franceses de la Historia), que también había trabajado con Joël Robuchon, Poussardin empezó a descubrir los secretos de la alta cocina y afianzó su temprana pasión. Más adelante, en 1990, decidió viajar a España, donde descubrió la cocina catalana y la cocina de mercado. Su incesante búsqueda de nuevas técnicas culinarias y su necesidad de seguir evolu-

cionando lo llevaron a asistir a cursos de cocina y pastelería impartidos por jefes de cocina mundialmente reconocidos, como el pastelero y repostero Oriol Balaguer; Jordi Roca, de El Celler de Can Roca; el chef gascón Jean-Luc Rabanel, de L'Atelier, en Arles, Francia, con el que vivió de primera mano la experiencia de trabajar diariamente en la cocina con los productos que se encuentran por la mañana en el mercado; el cocinero Ramon Perisé, del famoso Mugaritz, y el cocinero Alexandre Bourdas, del restaurante Saquana, en Honfleur, Francia. Convencido de que la formación continua es necesaria en una profesión creativa como la cocina, Poussardin aprovecha, siempre que puede, la ocasión de hacer estancias en restaurantes en los que ampliar sus conocimientos y reforzar su experiencia profesional, y dedica parte de su tiempo a investigar por su cuenta en los temas culinarios que más le interesan, entre otros, la cocina oriental y las técnicas culinarias de vanguardia.

En 2011, cuando llevaba afincado en España ya más de veinte años, Poussardin decidió iniciar una andadura personal y profesional tremendamente satisfactoria creando su propio taller gastronómico,

L'ATELIER D'STÉPHANE, UN ESPACIO CREATIVO

L'Atelier d'Stéphane. En ese espacio hecho a medida de sus necesidades y de su filosofía particular, Stéphane pone en práctica los principios que imperan en su visión de la cocina: simplicidad; uso de productos frescos y naturales de proximidad; libertad para experimentar, probar, degustar, transformar y emocionarse; creatividad; novedad, y modernidad. Todo enfocado a crear una experiencia en el paladar, partiendo de la base de que la creación depende de un momento único en el que confluyen distintos factores: los productos y los utensilios que se tienen a disposición, la sensibilidad del cocinero, que trabaja impactado por lo que le transmiten sus comensales, la inspiración del momento, siempre único y efímero, y cierto elemento sorpresa. Y enfocado también a conseguir que el comensal disfrute de un momento inolvidable.

En L'Atelier, además de ofrecer menús de degustación, que se cocinan y se sirven allí mismo en un contexto de cenas privadas para no más de ocho comensales, y siempre acompañados de un maridaje de vinos, Stéphane imparte cursos y talleres de cocina adaptados a las necesidades y gustos de su público —como pueden ser vegetarianos, veganos, celiacos o empresas—. Los talleres son el contexto ideal para que aquellas personas interesadas en el mundo de la cocina de autor se acerquen por unas horas a la profesión de cocinero y experimenten de la mano de un profesional apasionado como Stéphane lo que es una cocina hecha con sabores naturales, formas y texturas, y basada en productos de temporada y de proximidad. Los asistentes a los talleres se van con el recuerdo de haber pasado un rato agradable y divertido, en el que han aprendido cómo cocinar platos diferentes de una forma rápida y fácil. Además, Poussardin ofrece asesoramiento especializado a restaurantes, a los que brinda todo su *savoir faire* acumulado tras tantos años de experiencia. Y, finalmente, pone a disposición la figura del chef privado, un servicio gastronómico personalizado y a medida, desplazándose a casas de particulares para ofrecer alta gastronomía directamente a domicilio.

QUÉ ES LA COCINA MOLECULAR

¿Por qué el azúcar llega al punto de caramelo cuando lo sometemos a calor mientras lo removemos con una espátula? ¿Cuánto tiempo y cómo hemos de batir unas claras de huevo para conseguir que lleguen al punto de nieve u obtener un merengue? ¿Por qué se monta la mayonesa? ¿Cómo conseguir que los espaguetis no se peguen al hervirlos? ¿Por qué se hincha un suflé? En resumen, ¿qué hay detrás de la transformación física y química de los ingredientes que empleamos en los fogones? ¿Existe algún principio físico o químico que explique lo que ocurre en la comida cuando la cocinamos? Y, yendo un poco más lejos, ¿qué ocurre si aislamos todos los ingredientes de un plato y los volvemos a combinar pero de una manera inusual? ¿Y si les añadimos nitrógeno líquido? ¿Cómo crear platos nuevos con los ingredientes de toda la vida?

Una nueva disciplina, revolucionaria en el mundo de la cocina, la gastronomía molecular, intenta responder a estas y otras preguntas, desde las más sencillas a las más complejas, con el fin de entender la alquimia de la cocina y obtener reglas culinarias que nos permitan preparar una gran variedad de platos que se salen de los clásicos recetarios de la cocina tradicional. Papeles con sabor; humos con sabores exóticos; falso caviar de mango, o de cualquier otro ingrediente, hecho con alginato de sodio y calcio; espuma de idiazábal o de parmesano; aire congelado de limón; gel de ostras; espaguetis elaborados con vegetales. Éstos son tan sólo algunos ejemplos de los platos que podemos encontrar en la carta o el menú degustación de algún restaurante donde sirvan cocina molecular. Lo que subyace detrás de las creaciones de curiosas formas y texturas, colores atractivos y olores y sabores interesantes, presentadas además en cucharitas, copitas y vajillas con diseños y formas sofisticados, es una nueva tendencia en la cocina que apuesta por un estudio sistemático y científico de la preparación de los alimentos.

La gastronomía molecular es, para entendernos, la disciplina científica que estudia los procesos físicos y químicos que ocurren durante la cocción de los alimentos.

Es la química y la física que hay detrás de la preparación de cualquier plato. En ella, se analizan las propiedades de los ingredientes y los procesos tecnológicos a los que éstos se someten mediante distintas técnicas. Y la cocina molecular es la cocina basada en esa ciencia. Es la cocina resultante de aplicar en los fogones los conocimientos adquiridos gracias a la gastronomía molecular. Además de cuidar en extremo la presentación, al querer ofrecer al comensal una experiencia que vaya más allá del acto de comer en sí, otra de las características de esta nueva cocina es la introducción de elementos químicos, como el famoso nitrógeno líquido, entre otros, para elaborar platos. Todo ello con el fin de dar un paso más allá y conseguir aportar novedad e innovación al mundo de la cocina mediante increíbles creaciones culinarias, esto es, creando platos en apariencia extraños pero que, sorprendentemente, son deliciosos al paladar.

Desde que en la década de los ochenta del siglo pasado Hervé This, un físico-químico francés, y Nicholas Kurti, un físico húngaro afincado en el Reino Unido, empezaran a hablar de la gastronomía molecular como disciplina, muchos han sido los cocineros de renombre que se han dedicado a explorar en el mundo de los ingredientes, las técnicas culinarias y las herramientas, y que nos han sorprendido con increíbles platos. En nuestro país, el chef más destacado en este ámbito, y sin duda el pionero, es Ferran Adrià, conocido a nivel internacional por su restaurante El Bulli, quien sorprendió tanto al mundo de la alta gastronomía como a los gourmets profanos con platos tan rompedores e inauditos en aquel momento como la tortilla de patatas deconstruida o la menestra de verduras en texturas. Corría el año 1994, y por aquel entonces se hablaba de «cocina técnico-conceptual» para describir una cocina en la que se manejaban nuevas técnicas con el objetivo de crear nuevos conceptos culinarios. Después de la deconstrucción, que consiste en aislar los ingredientes de un plato habitualmente tradicional y reconstruirlo de forma inusual, consiguiendo que el aspecto y la textura sean completamente diferentes mientras que el sabor no se altera, llegaron nuevos conceptos a la creación culinaria de Adrià, como las famosas espumas, que conseguía usando sifones; la esferificación, en la que empezó a emplear alginatos para formar pequeñas bolas de contenido líquido, y el uso del nitrógeno líquido en los platos. Ferran Adrià, considerado un visionario por muchos y a la vez duramente criticado por algunos, es uno de los precursores de la cocina molecular en nuestro país, y ha creado escuela formando a muchos otros cocineros, como Sergi Arola, Elena Arzak, José Andrés, Andoni Luis Aduriz o Paco Roncero, entre otros. La trayectoria de Adrià ha sido fecunda. Además de sorprender a sus comensales con platos inéditos, fruto de años de arduo trabajo y de investigación de las propiedades de los ingredientes y del uso de la tecnología y las técnicas de cocina más avanzadas, ha inspirado a toda una nueva generación de cocineros que han optado por una cocina moderna cuyo objetivo no es únicamente alimentar el estómago, sino también nutrir el alma a través de los cinco sentidos. Cocineros que se dedican a expe-rimentar y a explorar la enorme variedad existente en el mundo de los ingredientes, las técnicas y las herramientas, y que analizan el sentido del gusto además de estudiar el comportamiento de los alimentos sometidos a distintas temperaturas, presiones y demás condiciones científicas.

Espumas, geles, emulsiones, deshidrata-dos, destilados, aires, esterificados… Estos son los conceptos que, desde hace algunos años, se manejan en las cocinas donde se preparan las recetas más innovadoras de la oferta gastronómica actual. Cocinas en las que se experimenta, como si de un labora-torio de los sabores y las texturas se tratara, con los ingredientes de la cocina tradicional para transformarlos en una nueva expe-riencia culinaria y gastronómica.

UN POCO DE HISTORIA

Dos nombres están íntimamente relacionados con los conceptos de cocina molecular: Hervé This (1955) y Nicholas Kurti (1908-1998). El primero, un físico-químico francés que trabaja en el Institut National de la Recherche Agronomique, además de ser director científico de la Fondation Science & Culture Alimentaire de la Académie des Sciences, en Francia, así como consejero científico de la revista *Pour la Science*. El segundo, un investigador y físico húngaro que vivió la mayor parte de su vida en Oxford, Reino Unido, donde se dedicó a enseñar Física en la Universidad, y cuya gran afición era la cocina y cómo aplicar los conocimientos científicos a los problemas culinarios. Ambos crearon en 1988 una nueva disciplina científica a la que bautizaron inicialmente como «gastronomía molecular y física», que años más tarde Hervé This abreviaría a «gastronomía molecular».

Todo comenzó el 14 de marzo de 1969, cuando Nicholas Kurti ofreció una conferencia muy singular a la que llamó *El físico en la cocina*. Kurti empezó su ponencia con una frase que debió de dejar a la audiencia, cuando menos, pensativa: «Pienso con una profunda tristeza en nuestra civilización, pues, mientras sabemos medir la temperatura en la atmósfera de Venus, ignoramos la temperatura que hay dentro de nuestros *soufflés*». Por su parte, desde niño, Hervé This había sido un aficionado a la cocina, lo que explica su temprano interés por los alimentos, además de la Química, otra de sus pasiones desde la infancia. Pero fue en 1980, ya como químico, cuando inició su camino en la investigación culinaria, a raíz de una experiencia reveladora que tuvo en la cocina el 16 de marzo de ese mismo año al preparar un *soufflé* de queso que no subió. La receta indicaba que debía añadir las yemas de huevo de dos en dos, nunca en fracciones, pero, al ver que no funcionaba, This decidió recopilar las recetas de su madre, tías, abuelas y amigas de la familia y probarlas, tratando de entender las diferencias y los fenómenos ocurridos durante la preparación de cada una de ellas. A esas recetas llenas de consejos, trucos y sugerencias las llamó «precisiones culinarias».

Más adelante, This conoció a Nicholas Kurti, y a ambos se les ocurrió la genial idea de experimentar con las reacciones físicas y químicas que ocurren durante la cocción de los alimentos. Juntos empezaron a responder al porqué de lo que ocurre con los alimentos en la cocina, a dar una respuesta científica a muchísimas preguntas, desde las más simples a las más complejas, de los procesos culinarios, entendiendo que todo lo que ocurre en los fogones se basa en procesos bioquímicos. Tras comprender el porqué de las reacciones químicas en los alimentos, el siguiente paso de This y Kurti fue mejorar las técnicas que se aplican en la cocina. Con ello, comenzaron a desarrollar nuevos métodos y nuevas herramientas que permitieran crear diferentes sabores, texturas, consistencias u olores, simplemente variando el proceso de elaboración y cocción o combinando determinados ingredientes. Y fue así como se fue gestando una nueva disciplina científica, dedicada a investigar las transformaciones culinarias, que acabaría siendo revolucionaria en el mundo de la cocina.

Pero, como el propio Hervé This recuerda, el interés por los alimentos no es algo nuevo. Ya en el siglo II a.C., el autor anónimo de un papiro encontrado en Londres utilizó una balanza para tratar de determinar si la carne fermentada era más ligera que la fresca. Sin olvidar el interés que durante siglos ha despertado la preparación del caldo a partir del proceso de hervir carne animal durante horas. Encontramos menciones a este proceso en el siglo IV, en el libro *De re coquinaria*, falsamente atribuido al gastrónomo romano del siglo I. Marco Gavio Apicio; en los textos clásicos, y en la mayoría de los libros de cocina franceses. Los científicos llevan interesándose por la preparación de los alimentos desde el siglo XVIII. Entre los más conocidos podemos mencionar a Antoine-Laurent de Lavoisier (1743-1794), químico, biólogo y economista francés, considerado el padre de la química moderna, quien en 1783 estudió los procesos implicados en la preparación del caldo de carne al medir la densidad para evaluar su calidad. O el químico alemán Justus von Liebig (1803-1873), conocido entre muchas otras cosas por su invento más famoso, el extracto de carne. O el médico, físico e inventor estadounidense Benjamin Thompson (1753-1814), quien estudió las transformaciones culinarias e hizo muchas propuestas e invenciones para mejorarlas.

No cabe duda de que la ciencia que estudia la preparación de los alimentos cuenta con muchos nombres, pero, según Hervé This, no hay que olvidar que no es lo mismo la ciencia de los ingredientes que la ciencia de los procesos culinarios. Así como en la década de 1980 la ciencia de los alimentos se dedicó a estudiar y analizar las propiedades de los alimentos, y a desarrollar métodos para procesar alimentos a escala industrial, hasta ese momento no existía todavía una ciencia que permitiera entender qué es lo que se está haciendo cuando se cocina un alimento, qué ocurre durante la cocción, por qué se producen ciertos efectos en los ingredientes y cómo conseguir ciertos resultados y no otros en la cocina a través de la tecnología y las técnicas. Hervé This y Nicholas Kurti fueron, en este sentido, los primeros científicos que investigaron en esa línea, y crearon una nueva disciplina, la gastronomía molecular, que con los años ha supuesto un salto cualitativo e innovador en el mundo de la gastronomía y la cocina.

Tras darle nombre a esa disciplina en 1988, en 1992 This y Kurti organizaron el Taller Internacional sobre Gastronomía Física y Molecular, que celebraron en el Centro Ettore Majorana de Cultura Científica, en Erice, Italia, y al que fueron invitados chefs y científicos de todo el mundo. Tras el éxito de ese primer encuentro, la pareja de científicos decidieron convocar una nueva edición cada dos años. En 1995, el francés Jean-Marie Lehn, ganador del Premio Nobel de Química en 1987 junto con Donald Cram y Charles Pedersen, invitó a Hervé This a crear el primer Grupo de Gastronomía Molecular en su laboratorio del Collège de France y, en 1996, This presentó

el primer doctorado en Gastronomía Física y Molecular. Entre 2003 y 2005, se llevó a cabo un programa europeo de transferencia de tecnología, conocido como el proyecto INICON, cuyo objetivo era establecer la transferencia de conocimiento y experiencia de la ciencia al arte de la cocina, y promover la colaboración entre chefs, científicos, empresas y escuelas de cocina a nivel europeo. Desde entonces, y gracias a la meticulosa, exhaustiva y extensa investigación llevada a cabo por Hervé This y Nicholas Kurtis, y por todos aquellos a los que inspiraron, se han celebrado seminarios, congresos, cursos sobre gastronomía molecular, primero en Francia y poco a poco alrededor del mundo.

En los últimos años, muchos son los cocineros y chefs que se han sentido atraídos por la gastronomía molecular. Ferran Adrià, de El Bulli, es uno de los nombres más conocidos en nuestro país, además de sus discípulos Sergi Arola, Paco Roncero o José Andrés. Pero no debemos olvidar a los franceses Christian y Philippe Conticini, Bernard Leprince, Michel Roth y Pierre Hermé, todos ellos de París; Michel Bras, de Laguiole, en Aveyron, Francia; Pierre Gagnaire, con restaurantes en París, Londres, Tokio y Hong Kong; Heston Blumenthal, de Bray, en el Reino Unido, y Emile Jung, de Estrasburgo.

TÉCNICAS CULINARIAS

EL COCINERO MOLECULAR, UN ALQUIMISTA DE LA COCINA

Transformar los fogones en un laboratorio del que salen texturas y sabores incomparables y novedosos es uno de los propósitos de la cocina molecular. Pero sin olvidar los ingredientes de toda la vida, que son la base de las creaciones en forma de platillos con las que nos sorprenden los cocineros especializados en esta cocina revolucionaria. Los ingredientes habituales y conocidos se trabajan con otros que lo son menos por los profanos de la cocina, utilizando además sofisticados equipos, dando como resultado imaginativos platos. Y, para ello, se utilizan diversas técnicas culinarias que nos recuerdan más al trabajo de un químico que de un cocinero clásico.

Distinguiremos lo que son las técnicas básicas o principales de la cocina molecular de lo que son las técnicas avanzadas. Y haremos una breve presentación de las mismas para irnos familiarizando con ellas y que nos resulte más fácil aprender a utilizarlas a la hora de ponernos manos a la obra con nuestras propias creaciones.

TÉCNICAS CULINARIAS BÁSICAS O PRINCIPALES

Son las más sencillas, pues consisten básicamente en añadir pequeñas cantidades de ciertas sustancias a los ingredientes con los que vamos a elaborar un plato. Con ello, se consiguen cambios físicos en los alimentos con resultados espectaculares a nivel sensorial, tanto desde el punto de vista del sabor, como de la textura o el aspecto visual. En estas técnicas, por lo general, no se necesitan equipos especializados.

EMULSIFICACIÓN

Mediante esta técnica se consiguen emulsiones, esto es, mezclas más o menos homogéneas de líquidos que de entrada son inmiscibles, como, por ejemplo, el agua y el aceite. Para que la mezcla no se disperse, dado que por la naturaleza de sus elementos es inestable, se utilizan emulsionantes, como por ejemplo la yema de huevo, que tradicionalmente se ha empleado en Occidente para hacer *soufflés*, mayonesas, helados, sorbetes, *mousses*, bizcochos, pasteles… En Asia, para el mismo cometido se ha empleado desde siempre la lecitina de soja. Pero, actualmente, tanto en la gastronomía como en la pastelería se está haciendo uso de nuevos emulsionantes que tienen la particularidad de no aportar sabor a la mezcla, consiguiendo así sabores más puros, una de las obsesiones de la cocina molecular. Los nuevos emulsionantes son los glicéridos de ácidos grasos, sucroésteres y sucroglicéridos, o bien los emulsionantes en pasta, que son una mezcla de los dos anteriores en una base acuosa. Uno de los principales exponentes de esta técnica, la emulsificación, ha sido Ferran Adrià, quien gracias a ella puso de moda las espumas, también conocidas como «aires». Un ejemplo es agregar lecitina de soja al zumo de un cítrico y luego añadirle aire. Con ello se obtiene una espuma de burbujas con sabor. La experiencia sensorial es impactante: se siente el sabor delicado del cítrico sin tener nada sólido en la boca.

ESFERIFICACIÓN

Consiste en encapsular líquidos en esferas de capa gelatinosa, y conseguir unas bolitas que imitan la textura y la forma de las huevas de pescado. Estas bolitas tienen una textura blanda por fuera y líquida en el interior, sin ningún sabor añadido, y provocan una sorpresa a la hora de introducirlas en la boca y descubrir su contenido.

Para conseguir la capa exterior, se utiliza alginato sódico, un espesante natural que se obtiene a partir de algas, y una solución rica en calcio, hecha con cloruro sódico. Para la preparación, se disuelve el alginato sódico en el líquido que se quiera encapsular, que puede ser un zumo, un licor o una infusión, y por otro lado se prepara una disolución de cloruro sódico con agua. A continuación, se introduce la mezcla de alginato y líquido en una jeringuilla o una pipeta, y desde ésta se vierten gotitas de la mezcla en la disolución de cloruro sódico. Al ponerse en contacto con la disolución, la superficie del líquido se gelatiniza y el líquido queda encapsulado en una esfera.

De esta forma se obtienen esas pequeñas bolitas que tanto nos recuerdan al caviar. Hay dos tipos de esferificación: la básica, o directa, y la inversa. Mediante la básica o directa, que consiste en sumergir un líquido con alginato en un baño de cloruro cálcico, obtenemos una esfera que se va gelificando lentamente hasta convertirse en gelatina. Y mediante la inversa, que consiste en sumergir un líquido con gluconolactato en un baño de alginato, se obtiene una esfera que siempre es líquida en su interior.

Podemos elaborar el «caviar» a partir del líquido que más se nos antoje: té verde, café, zumos de frutas, licores varios, cócteles… Tan sólo deberemos tener cuidado a la hora de manipular las esferas para que no se rompan, y lo más habitual es servirlas en una cucharilla, para que el comensal se las lleve directamente a la boca, o para adornar platos y postres.

ESPESAMIENTO

Otra técnica clásica que se ha adaptado a los requisitos de la gastronomía molecular, y que consiste en aumentar la viscosidad de los líquidos mediante el uso de espesantes. Desde antiguo se han usado productos para espesar salsas, cremas, sopas y guisos, como la harina de trigo, la fécula de maíz o de arroz, la patata, el pan, las yemas de huevo, la gelatina, la pectina, la crema de leche o la nata. El problema que presentan estos productos es que modifican el sabor del plato que deseemos espesar, pues para que aumente la viscosidad se debe emplear bastante cantidad de espesante. Por este motivo, en la cocina molecular se opta por usar espesantes que no distorsionen los sabores de los ingredientes que empleemos para elaborar un plato, como, por ejemplo, la goma xantana, el almidón de maíz refinado tratado a altas presiones, el *kuzu* o el almidón de la patata modificado. Existen varias marcas en el mercado con las que se obtienen excelentes resultados.

GELIFICACIÓN

Consiste en convertir líquidos en geles o gelatinas. Nuevamente, es una técnica culinaria antigua, usada sobre todo en repostería, en la que se empleaban hojas de cola de pescado, también conocidas como «hojas de colapez». Hoy en día, los chefs de la cocina molecular emplean otras sustancias para obtener geles y gelatinas, nuevamente con el objetivo de que no aporten ningún sabor adicional al producto final. Existe una amplia variedad de estos nuevos gelificantes. Tenemos el gelificante vegetal, una mezcla entre una alga y goma garrofín; el alginato, que proviene de la mezcla de diferentes algas:

fucus, laminaria, macrocrystis; el gelburguer, una mezcla de alginato y calcio retardante; la goma xantana, que se consigue de una bacteria, un polisacárido de origen vegetal obtenido por fermentación de azúcares del almidón del trigo; el agar-agar, obtenido de un tipo de algas rojas y de uso habitual en las cocinas japonesas desde el siglo XV; la goma gellan, obtenida a partir de la fermentación producida por la bacteria *Sphingomonas elodea*; Kappa, un carragenato obtenido de las algas rojas euquema; metil, una metilcelulosa obtenida de la celulosa de los vegetales; iota, también obtenida a partir de un tipo de algas rojas; la goma tara, derivada de un pequeño árbol originario de Perú; la pectina, que se obtiene de la piel de los cítricos, e instangel,

una gelatina de origen animal. La elección de uno u otro dependerá del producto final que deseemos preparar, pues cada uno aporta algo distinto al líquido con el que lo mezclemos.

TERRIFICACIÓN

Consiste en conseguir que algún material graso, como líquidos o pastas de aceite, tengan una textura de tierra. Se pueden obtener tierras sencillamente de aceite de oliva o también de todo tipo de infusiones de especias en aceite, como tierra de lavanda, de romero, de tomillo, de manzanilla, etc.

TRANSGLUTAMINASA

Mediante esta técnica se añade una proteína tipo enzima, conocida habitualmente como «pegamento de carnes», a carnes de distintos tipos, obteniendo como resultado un trozo de carne homogéneo. De esta manera se pueden combinar diferentes tipos de carne en una sola (esto es, pegar molecularmente una carne de ternera o de buey con otra de cerdo, por ejemplo, o una pechuga de pollo con otra de pavo, un trozo de salmón con uno de atún) o darles formas a las carnes como si de un molde se tratara.

A diferencia de las técnicas básicas, en éstas se utilizan equipos y herramientas especiales, pues los cambios producidos en los alimentos se deben al proceso mecánico provocado por el equipo en cuestión y no a los aditivos.

CENTRIFUGACIÓN

Consiste en separar los sólidos de un líquido de forma rapidísima. Para ello se usa un equipo llamado «centrífuga», que gira a alta velocidad, y que sirve para clarificar líquidos. Al rotar a tanta velocidad, los elementos sólidos o de mayor peso del líquido se depositan en el fondo del recipiente en el que se realiza la centrifugación, y los menos pesados quedan en la superficie, obteniendo un líquido muy claro. Es muy útil, por ejemplo, a la hora de aclarar salsas.

COCINADO AL VACÍO O *SOUS VIDE*

Consiste en cocer, dentro de un baño de agua caliente a una temperatura determinada y controlada en todo momento, carnes previamente introducidas en bolsas de plástico en las que se ha hecho el vacío. Con esta técnica se consigue una cocción uniforme, y que todos los jugos de la carne queden sellados y no se pierda ningún sabor, pues todo queda dentro de la bolsa hasta el momento de consumirla. Además, la carne se cocina en sus propios jugos naturales, lo que aporta el máximo sabor y no se pierden las propiedades nutricionales. La peculiaridad de esta técnica o método de cocción es que los alimentos se cocinan durante mucho tiempo, a veces hasta un día entero, y a temperaturas muy bajas, consiguiendo unos resultados espectaculares por lo que se refiere al sabor y la textura. Por lo general, esta técnica se suele emplear para cocinar carnes, aunque también permite la cocción de ciertos pescados, mariscos, huevos y verduras. El único inconveniente es que los hornos de agua que permiten cocinar *sous vide* no son precisamente económicos y son bastante aparatosos.

CRIOCOCINA

Esta técnica, en la que se utiliza nitrógeno líquido, que está a -196 ºC, se utiliza para congelar sustancias en cuestión de segundos. Mediante estas congelaciones casi instantáneas, con las que se evita la formación de cristales de hielo, se consiguen unas texturas insólitas y sorprendentes. La conocemos sobre todo por el uso que Ferran Adrià, precursor de la gastronomía molecular, ha hecho en su cocina. El nitrógeno líquido es ideal para preparar sorbetes de cócteles espectaculares, como el de caipirinha, pues el alcohol no se congela a -196 ºC, y también para hacer cocciones en frío, como, por poner un ejemplo ilustrativo, la trufa *coulant* de pistacho, en la que se introduce un puré de pistacho en el nitrógeno consiguiendo una trufa que queda sólida por fuera y líquida en el interior.

EVAPORACIÓN POR ROTACIÓN

Se utiliza para conseguir destilados y extractos, es decir, permite retener los aromas que se desprenden de determinados productos o durante las preparaciones de los platos. Otra de las funciones de la técnica es conseguir sublimar los aromas en un líquido e infusionarlos en un alimento. Un ejemplo de ello lo encontramos en un plato del cocinero Joan Roca, de El Celler de Can Roca, las ostras al aroma de tierra mojada. Roca, mediante esta técnica, consiguió un destilado de tierra, es decir, un fluido con aroma a tierra, pero sin rastro de ella, y lo añadió a unas ostras, dándoles ese aroma. Fusionó así un aroma de bosque, el de la tierra, con un producto de mar, la ostra. El equipo que se usa para ello es un evaporador de rotación, o rotavapor, instrumento utilizado habitualmente en los laboratorios químicos para eliminar disolventes de sustancias.

DESHIDRATACIÓN

Con esta técnica se deshidratan frutas y verduras de forma muy rápida. Se utiliza sobre todo para obtener crujientes, texturas y láminas de sabores. Por ejemplo, se consigue que una frambuesa pierda el agua sin encogerse, manteniendo su aspecto pero obteniendo una textura crujiente. Al introducirla en la boca y ponerse en contacto con la saliva, se libera todo su sabor, que se ha mantenido intacto. Para esta técnica se usa un deshidratador.

MÁQUINA DE ALGODÓN

¿Quién no recuerda los algodones de azúcar de color rosa de las ferias de la infancia? Esta técnica nos permite hacer algodones usando todo tipo de sabores dulces o salados, y para ello se utiliza una máquina de hacer algodón. Hoy día hay en el mercado equipos caseros muy fáciles de usar con los que se puede hacer todo tipo de algodones para todos los gustos.

PARRILLA INVERSA

Se usa sobre todo para congelar líquidos de forma instantánea, y se emplea especialmente en repostería, consiguiendo formas curiosas, como gotas, láminas o espirales a partir de cualquier líquido. Se pueden congelar mousses, salsas, purés o cremas en pocos segundos, consiguiendo creaciones sólidas o semicongeladas con dos texturas: crujiente por fuera y frío y cremoso por dentro. El equipo consiste en una parrilla que en lugar de calentar enfría, llevando los alimentos a un punto de congelación extrema, hasta temperaturas de -34 ºC.

PISTOLA DE AHUMADO

Ideal para ahumar alimentos, incluso postres. Se utiliza una pistola que permite atrapar el aroma de unas brasas de cualquier tipo de madera, por ejemplo, para luego infundir ese sabor y aroma de humo a un plato sin calentarlo. Las pistolas de ahumado más modernas permiten ahumados sutiles y delicados de cualquier tipo de producto, algunos de ellos tan inusuales como el aceite, la mantequilla, los huevos, el chocolate, el merengue, cualquier cóctel, el té, la lavanda, etc.

PACOJET

Perfecto para emulsionar alimentos, especialmente en la creación de sorbetes y helados, pero también de *mousses*, rellenos, salsas, sopas y terrinas, que, gracias a esta técnica, quedan perfectamente tersos. Es una técnica muy sencilla para la que se utiliza un procesador que previamente congela a -22 ºC todos los ingredientes que introduzcamos en él durante un mínimo de veinticuatro horas, para luego procesar en capas extremadamente finas el producto congelado, sin descongelarlo, obteniendo una textura de una suavidad incomparable, lo cual genera una experiencia gustativa sin igual.

SIFÓN

Permite hacer espumas, esto es, preparaciones aéreas partiendo de una preparación líquida, tanto dulces como saladas, calientes y frías. Pero también se pueden elaborar *mousses* y natas ligeras, además de originales cócteles. Los sifones modernos incorporan una carga de gas y son muy sencillos de usar. Basta con introducir en el recipiente del sifón la preparación líquida que deseemos convertir en espuma, previamente filtrada para evitar obstruir el sifón, y luego cargar el cartucho de gas. A continuación, se tapa y se libera el gas dentro del recipiente, y se conserva en la nevera como mínimo tres horas antes de servir. Finalmente, se agita el sifón antes de utilizar su contenido para adornar algún postre o plato, que habrá que consumir al instante, pues las espumas son muy inestables y enseguida pierden su estructura y aspecto.

UTENSILIOS

PLATOS ELABORADOS CON MATERIAL CIENTÍFICO

Buscar nuevas recetas, nuevos platos y platillos; preparar alimentos y bebidas con texturas y estados de materia fuera de lo común; innovar en la cocina; sorprender al mundo de la gastronomía: estos son algunos de los retos a los que se enfrentan día a día los chefs de la cocina molecular, un estilo de cocina que busca aprovechar la innovación científica para mejorar el arte culinario. Y para ello los cocineros trabajan con materiales y utensilios como los que podemos encontrar en cualquier laboratorio, como jeringas, pipetas, tanques de nitrógeno, balanzas de medición, entre otros.

Debido al auge de este tipo de cocina, resulta cada vez más fácil encontrar en el mercado estos utensilios adaptados al mundo culinario. Incluso algunos fabricantes ofrecen kits para los amantes y aficionados a la cocina que se atrevan a adentrarse en el apasionante mundo de la cocina molecular.

A continuación presentamos los utensilios que no pueden faltar en una cocina de gastronomía molecular.

Balanza de precisión

Se usa para pesar ingredientes que requieren muy poca cantidad y alta precisión. Actualmente las más usadas son las electrónicas.

Batidor eléctrico

Sirve para hacer espuma a partir de leche o nata. Ideal para elaborar cappuccinos y café con leche o chocolates espumosos, aunque también sirve para elaborar pequeñas cantidades de merengue o emulsionar vinagretas y aliños.

Biberón de plástico de cocina

Utilizado para dosificar salsas o decorar, además de para la esferificación de caviar.

Blender

El clásico procesador de alimentos.

Bol americano

Recipiente alto y estrecho que sirve para emulsionar salsa o triturar alimentos con el túrmix.

Caviar Box

Se usa para hacer pequeñas esferas en forma de caviar de forma muy rápida y homogénea. Se trata de un dispositivo dispensador dotado de múltiples boquillas que, conectado a una jeringuilla cargada de líquido, produce gotas que caen sobre un baño, convirtiéndose en esferas.

Centrífuga

Aparato que gira a alta velocidad y que sirve para clarificar líquidos.

Colador o chino

Se utiliza para filtrar la parte sólida de la líquida de una preparación.

Cucharas medidoras

Se usan para medir de forma precisa los ingredientes necesarios para elaborar una receta. Suelen ser de acero y las hay de distintas medidas, desde 1/8 de cucharilla hasta una cuchara sopera. La cuchara más grande también es útil para hacer esferas de gran tamaño con una forma perfectamente circular.

Cuchara perforada de acero

Imprescindible al hacer una esferificación. Se usa para sacar las esferas recién hechas de su baño, bien escurridas, y pasarlas al recipiente en el que se van a presentar al comensal sin que se rompan.

Deshidratadora

Permite deshidratar y secar cualquier producto para la preservación de alimentos. Su uso está muy extendido en la cocina molecular para crear texturas secas y láminas de sabores a base de puré de frutas y verduras.

Envasadora al vacío

Aparato o máquina especial que extrae el aire de un recipiente para conservar y evitar la oxidación de los alimentos.

Escamador

Instrumento de cocina con el que retirar las escamas de un pescado.

* **Espátula de silicona con termómetro**
Sirve para mezclar una preparación y controlar la temperatura de la misma a la vez.

* **Evaporador de rotación o rotavapor**
Equipo que permite conseguir destilados y extractos, esto es, permite retener los aromas que se desprenden de determinados productos o durante las preparaciones de los platos.

* **Filtros para clarificar líquidos**
Imprescindibles a la hora de hacer texturas, además de para preparar consomés, elaborar fondos y, en general, cocer grandes cantidades de ingredientes. Gracias a los filtros se usa menos agua y se ahorra tiempo en la elaboración del plato, pues con ellos evitamos tener que colar y clarificar nuestras preparaciones. Son resistentes al calor, están hechos de un material poroso y son flexibles para adaptarse a cualquier recipiente de cocción.

* **Gel de sílice**
Bolsita formada de bolitas sólidas de dióxido de silicio que permite absorber la humedad.

* **Heladera**
Aparato de cocina eléctrico para elaborar helados.

* **Horno de agua *sous vide***
Aparato que permite cocinar al vacío y al baño María a temperatura controlada. Ideal para cocinar y controlar las cocciones al vacío a baja temperatura. Con ello se respeta al máximo la estructura natural de los alimentos, pues éstos se cocinan en su propio jugo, no se evaporan ni diluyen los sabores de las preparaciones líquidas, se pronuncian los sabores y se evita la oxidación del producto.

* **Jeringuillas**
Se usan para hacer elaboraciones de cocina molecular como espaguetis o perlas. Las específicas de uso culinario son de calidad alimentaria, lavables y reutilizables.

* **Jeringuilla de calidad alimentaria y gran calibre**
Sirve para hacer esferas en forma de caviar. Es un elemento de la Caviar Box.

* **Licuadora**
Electrodoméstico que permite extraer el zumo de las frutas y verduras frescas.

* **Macarrón kit**
Horquilla de acero inoxidable para la elaboración de tubos de gelatina, también conocidos como «macarrón». Si no se encuentra la forma deseada, una opción es encargarle a un herrero que fabrique la horquilla personalizada al gusto del usuario.

* **Mandolina**
Se usa para cortar, rallar y laminar verduras y frutas principalmente.

Medidor de pH

Sirve para medir la acidez o alcalinidad de ciertos alimentos como el queso, la cerveza, las mermeladas y las conservas, etc, además de muchas recetas.

Moldes

Los hay de distintas formas, según queramos hacer medias esferas, medias pirámides, bombones o esferificaciones. Suelen ser de silicona, se pueden usar en el horno y el microondas, sirven para congelar y se lavan fácilmente en el lavavajillas.

Pacojet

Máquina profesional para elaborar helados, sorbetes, texturas heladas y procesar alimentos.

Parrilla inversa

Aparato en forma de parrilla que en lugar de calentar, enfría, llevando a los alimentos a un punto de congelación extrema, hasta temperaturas de -34 °C.

Pipa de humo

Pequeño ahumador instantáneo que permite la combustión inmediata de serrín y permite ahumar. Existen varios modelos de uso profesional o casero. Funciona con serrín de madera seco, ligeramente humidificado con agua en el momento de usar, y también se le puede añadir al serrín una esencia de cualquier aroma (romero, tomillo, orégano, lavanda, etc.).

Pipetas

Se usan para tratar con delicadeza y precisión los líquidos, como las salsas, y para hacer perlas de alginato. Las hay graduadas y sin graduar.

Roner

Este utensilio diseñado por Joan Roca, chef de El Celler de Can Roca, es un termostato que permite crear una temperatura constante de entre 5 y 100 °C con mucha precisión para cocinar al baño maría y garantizar una cocción perfecta controlada.

Selladora de vacío

Aparato para envasar al vacío cualquier preparación, ya sea sólida o líquida.

Sifón

Utensilio indispensable para montar nata y *mousses*, y elaborar espumas frías o calientes. Los hay de distintas medidas de capacidad. Los que encontramos en el mercado suelen incorporar boquillas, un cepillo de limpieza y las cargas de gas.

Silpat

Lámina antiadherente de silicona empleada para la cocción de repostería y útil para la congelación. Soporta temperaturas de entre -20 y 250 °C.

Soplete

Quemador recargable con gas para repostería (cremas, tartas, etc.) y cocina.

Superbag

Malla fina (estameña) para separar los ingredientes sólidos de los líquidos, como consomé, sopas o caldos.

Termómetro de cocina digital

Imprescindible para medir la temperatura de nuestras preparaciones. Los más modernos incorporan una alarma que se activa cuando el termómetro alcanza una temperatura determinada y un temporizador que hace que suene la alarma al completarse el tiempo programado para la elaboración. Los hay específicos también para horno. Estos tienen una sonda cableada que permite monitorizar la temperatura de una pieza de carne o de pescado en el horno, quedando la unidad central del termómetro fuera del mismo.

Thermomix

Robot de cocina para procesar alimentos y cocinar con temperatura.

Tiras de papel reactivo

Usadas para medir el pH de los alimentos.

Tubos de silicona

Se usan para hacer espaguetis de agar-agar o carragenatos. Tienen la particularidad de resistir un rango amplio de temperatura, de entre 50 y 200 °C.

Túrmix

Batidora eléctrica con brazo para triturar alimentos.

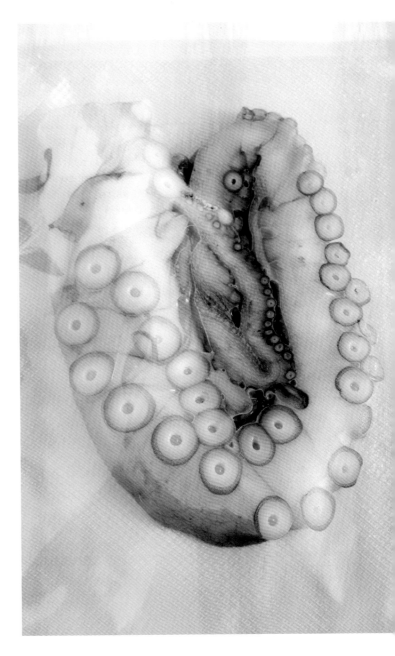

TEXTURAS

Nuevas sensaciones para el paladar, nuevas texturas y consistencias que no alteren el sabor original de los alimentos. Éstos son los retos de los chefs de la cocina molecular, quienes, experimentando con los alimentos de toda la vida junto con nuevos ingredientes que no modifican el sabor de los primeros, y mediante procesos tecnológicos y utensilios que recuerdan más a los de un laboratorio que a los de una cocina, exploran las propiedades físicas y químicas de los alimentos, indagan en su transformación y buscan recorrer nuevos caminos. En la cocina molecular no se deja nada al azar; cada proceso está cuidado hasta el extremo, desde la selección de los ingredientes que conformarán el plato hasta la presentación. Es una apuesta por las nuevas texturas. Los platos de siempre se preparan y se presentan con una textura diferente a la esperada. Todo ello en un intento de innovar en los fogones y sorprender, emocionar y dar placer a los comensales con propuestas culinarias que se salen de lo convencional, y que pretenden convertir el ancestral acto de comer en una experiencia sensorial e intelectual capaz de romper los esquemas gustativos. Veamos cuáles son las texturas que ha aportado la cocina de vanguardia.

ESFERAS

También conocidas como «caviar» por su parecido a las huevas de pescado, se consiguen mediante la esferificación, una de las técnicas de la cocina molecular que permite crear esferas blandas y con textura de gel en el exterior y líquidas en el interior. Esta creación popularizada por el chef catalán Ferran Adrià es una explosión en la boca para todo aquel que las pruebe. Las esferas cumplen tres funciones: son ornamentales, dan textura y proporcionan una mezcla de sabores al fundirse en nuestra lengua. Para su elaboración se requiere paciencia, pues no suelen salir a la primera, y se emplean ingredientes específicos, como alginato de sodio, sales de calcio o gluconolactato. Existen infinidad de esferas para todos los gustos y todas las preparaciones: caviar de licor de café, de sandía, de pimientos; esferas de frutos rojos, de café, de miel, de guisantes, de morcilla, de zumo de mango, de cócteles, raviolis de frambuesa, de coco, de pesto, y un larguísimo etcétera.

ESPESADOS (SALSAS)

Aunque las salsas no son algo nuevo en la cocina, pues se vienen elaborando desde tiempo inmemorial, la novedad que ha aportado la cocina molecular es el uso de agentes espesantes disponibles que no alteran los sabores de los ingredientes que empleamos para elaborarlas. El espesante más conocido es la goma de xantana. Y la salsa no es más que una elaboración líquida a la que se le aumenta la viscosidad. Su función suele ser la de acompañar distintos platos, como carnes, pescados, verduras o postres.

ESPUMAS Y AIRES

Ferran Adrià puso de moda estas elaboraciones hace algunos años, e inicialmente consistieron en crear una *mousse* de textura muy ligera y de sabor intenso a partir de una preparación líquida. Con el tiempo, Adrià perfeccionó estas texturas mediante el uso del sifón, con el que se añade aire a presión a un líquido en el que se ha introducido algún ingrediente emulsionante, consiguiendo con ello texturas aéreas, mucho

más livianas que las *mousses* y que conservan todo el sabor original del ingrediente que se ha utilizado para preparar el líquido de base. Se pueden elaborar multitud de aires y espumas, tanto frías como calientes, siendo tal vez las más conocidas las de cítricos y otras frutas, muy utilizadas como acompañamiento de postres. Aunque las hay para todos los gustos y de prácticamente todos los sabores, dulces y saladas: espuma de coco sobre gelatina de hibiscus, aire helado de chocolate, espuma de aceite de oliva virgen, espuma caliente de fresas, aire de Campari, espuma de mojito, espuma cremosa de remolacha, espuma de mango, espuma de maíz, aire de zanahoria, espuma de Idiazábal o de parmesano, espuma de *foie*, y muchísimas más.

GELES Y GELATINAS

Muy populares gracias a la demanda de productos bajos en grasa y atractivos por su textura en la boca, los geles y las gelatinas son elaboraciones que se encuentran en un punto intermedio entre el estado sólido y el líquido. Es decir, su estructura es similar a la de un sólido pero su densidad se parece más a la de un líquido. En la cocina tradicional, los hemos encontrado desde siempre en mermeladas, jaleas, confituras, cremas de pastelería, embutidos cárnicos, patés, postres lácteos, flanes o natillas. Pero actualmente se elaboran geles y gelatinas de una gran variedad de ingredientes, a los que se añaden distintos gelificantes en función de la solidez deseada. Una característica de los nuevos gelificantes, y requisito imprescindible en la cocina molecular, es que no alteran el sabor original de los productos que usamos para elaborar los geles, como, por ejemplo, la goma xantana, la goma gellan, la pectina y algunos derivados de algas, como el conocido agar-agar. Entre las recetas de geles y gelatinas tenemos creaciones tan innovadoras como la gelatina dura de Campari; el pacharán en gelatina; la gelatina de mejillones, de macedonia, de coco con salsa de fresas, de albaricoque o de cualquier otra fruta que se nos antoje; los raviolis de tomate y aceituna negra, los espaguetis de parmesano, de caviar o de agar-agar. Pero, por supuesto, hay infinidad de recetas para todos los gustos.

TERRIFICACIONES

Sorprendentes para el paladar, las texturas de tierra se consiguen trabajando pastas hechas a base de cualquier aceite, como por ejemplo el de oliva virgen, o líquidos, como las infusiones de hierbas aromáticas. El resultado es muy especial, y son ideales para acompañar platos y postres, siendo una de las más populares la terrificación de chocolate.

IMPORTANTE

En algunas de las recetas, la cantidad supera ligeramente el número de personas indicadas a fin de obtener una textura y elaboración con mejor resultado.

Para la elaboración de las recetas realizadas en este libro, muchos de los productos y utensilios utilizados se pueden adquirir en tiendas especializadas y en **Sosa Ingredients,** en el apartado Cocineros.info (online shop).

APERITIVOS

BOMBONES DE ESCALIVADA

Tiempo: 1 hora y 20 minutos + 3 horas de congelación • Dificultad: media • Para: unos 18 bombones

INGREDIENTES

- 1 berenjena
- 1 cebolla dulce grande
- 1 pimiento rojo
- 20 g de gelatina vegetal
- 50 g de olivas negras deshuesadas y picadas
- 4 filetes de anchoa del Cantábrico picados
- 1 rebanada de pan de molde cortada en daditos y tostados en el horno
- Aceite de oliva y sal

ELABORACIÓN

1. Envolvemos la berenjena, la cebolla y el pimiento en papel de aluminio y escalivamos en el horno a 180 °C durante 1 hora. Reservamos el agua de las verduras.

2. Pelamos y trituramos con aceite de oliva virgen y por separado cada una de las verduras hasta convertirlas en puré. Rectificamos de sal.

3. Añadimos un poco de agua al líquido de las verduras que hemos reservado en el punto 1 hasta obtener 400 g. Colamos y reservamos.

4. Forramos un bol pequeño con un trozo de papel film e introducimos una cucharadita de cada puré por separado. Anudamos las cuatro puntas del film transparente.

5. Repetimos con el resto de los purés hasta terminarlos (18 bombones) y congelamos las bolsitas durante 3 horas.

6. Llevamos a ebullición el agua de las verduras con la gelatina vegetal. Sacamos las bolsitas del congelador, retiramos el papel film, pinchamos con cuidado la parte superior congelada de los bombones con la ayuda de un palillo e introducimos rápidamente en la gelatina caliente. Dejamos cuajar y reservamos en la nevera hasta que los bombones se descongelen por completo.

7. Servimos los bombones de escalivada acompañados de las aceitunas negras, los daditos de pan de molde, las anchoas y unas gotas de aceite de oliva virgen.

DONETTE DE MEJILLÓN, AZAFRÁN, HINOJO Y ANÍS

Tiempo: 1 hora y 15 minutos + 3 horas de congelación • Dificultad: media • Para: unos 14 *donettes*

INGREDIENTES

**Para la *mousse*
de mejillones:**
1 kg de mejillones
250 g de agua
50 g de agua de mar
o agua con sal
2 bolsitas de azafrán en
polvo (0,1 g cada una)
½ cebolla dulce
30 g de nata de 35% M.G.
Aceite de oliva virgen
12,5 g de instangel

Para el merengue:
20 g del agua de cocción
de los mejillones
2 claras de huevo
3 g de albúmina
1 bolsita de azafrán
en polvo (0,1 g)

**Para la crema de hinojo
y anís:**
1 bulbo de hinojo fresco
½ cucharadita de anís
en grano
1 g de xantana
1 cucharada de aceite
de oliva virgen
Agua y sal

Para el aire de azafrán:
300 g de agua
1 bolsita de azafrán
3 g de lecitina de soja
Sal

ELABORACIÓN

Para la *mousse* de mejillones:
1. Mezclamos los dos tipos de agua y cocemos los mejillones. Retiramos del fuego cuando empiecen a abrirse. Desechamos las valvas, colamos el agua de cocción con la ayuda de un colador fino y reservamos.

2. En una olla, rehogamos con un poco de aceite la cebolla picada y el azafrán durante unos minutos a fuego lento. Agregamos los mejillones, 300 g del agua de cocción y la nata. Cocemos durante 2 minutos, pasamos por la batidora y luego por el colador hasta obtener una textura cremosa. Dejamos enfriar, añadimos el instangel y volvemos a batir.

Para el merengue:
3. Mezclamos los 20 g de agua de cocción de los mejillones con la albúmina, el azafrán y las claras. Montamos con la batidora hasta alcanzar el punto de nieve y una textura firme e incorporamos a la crema de mejillones.

4. Rellenamos 14 cavidades en forma de corona repartidas en dos moldes de silicona de 8 × 50 ml cada uno. Congelamos durante 3 horas.

Para la crema de hinojo y anís:
5. Hervimos el hinojo en agua con sal. Escurrimos y añadimos el anís en grano, el aceite de oliva y la xantana. Pasamos por la batidora eléctrica y colamos hasta conseguir una textura fina. Reservamos en la nevera.

Para el aire de azafrán:
6. En un recipiente grande, mezclamos el agua, la sal, la lecitina de soja y el azafrán. Reservamos.

Para el montaje del plato:
7. Retiramos los moldes del congelador, desmoldamos las cavidades e introducimos en la nevera.

8. Una vez descongelados, emulsionamos el aire de azafrán con una batidora hasta conseguir una textura vaporosa. Dejamos estabilizar durante 1 minuto y decoramos los *donettes* con un poco de crema de hinojo y el anís.

Más ideas

Podemos sustituir el instangel por 2 hojas de gelatina remojadas en agua fría y agregarlas a la crema de mejillones.

CREMA DE CIGALAS CON *CAPUCCINO* DE ARROZ CON LECHE Y PIRULETA CRUJIENTE

Tiempo: 1 hora y 15 minutos • **Dificultad:** media • **Para:** 8 personas

INGREDIENTES

70 g de pan de gambas
   triturado
2 claras de huevo
Sal
Pimienta negra molida
Aceite de oliva virgen

*Para la crema
de cigalas:*
250 g de cigalas
   pequeñas (8 unidades)
1 cebolla dulce
1 diente de ajo
1 zanahoria
1 ramita pequeña de apio
½ puerro
2 tomates maduros
1 hoja de laurel
30 g de arroz
1 rebanada de pan seco
50 g de coñac o brandy
1 l de agua
Aceite de oliva virgen
Sal

*Para la espuma
de arroz con leche:*
600 g de leche entera
75 g de arroz
1 diente de ajo pelado
Sal

ELABORACIÓN

Para la crema de cigalas:

1. Pelamos y reservamos las colas de las cigalas en la nevera.

2. En una olla con un poco de aceite, rehogamos las verduras previamente cortadas con el ajo y la hoja de laurel hasta que estén confitadas. Añadimos los tomates y las cabezas, las pinzas y los caparazones machacados de las cigalas. Sofreímos todo junto durante unos minutos, flambeamos con el coñac o el brandy y añadimos el agua.

3. Agregamos el trozo de pan para absorber la grasa y el arroz hasta ligar todo el conjunto.

4. Dejamos cocer durante unos 25 minutos a fuego lento y pasamos por la batidora eléctrica. Rectificamos de sal y colamos.

Para la espuma de arroz con leche:

5. Cubrimos de agua el arroz y llevamos a ebullición. Escurrimos y calentamos a fuego lento en una olla con la leche y el ajo durante unos 30 minutos.

6. Pasamos por la batidora eléctrica, rectificamos de sal y rellenamos un sifón de espumas (de ½ l) con la mezcla. Colocamos dos cápsulas de N2O y reservamos al baño maría a unos 60 °C.

Para el montaje del plato:

7. Cortamos las colas de cigalas por la mitad, salamos y ensartamos en 16 broquetas de madera (de unos 15 cm de longitud). Seguidamente, mojamos las cigalas en la clara de huevo y rebozamos con el pan de gamba triturado. Freímos en abundante aceite y reservamos sobre papel absorbente.

8. Servimos la crema de cigalas caliente en una taza o vaso con un poco de espuma de arroz con leche (como si fuese un *capuccino*) y una pizca de pimienta negra molida por encima. Acompañamos con las piruletas de cigalas.

Más ideas

En verano podemos servir fría, tanto la crema de cigalas como la espuma de arroz con leche.

CREMA DE PATATAS Y PUERROS CON ESFERA DE MELOCOTÓN, VAINILLA Y ARROZ INFLADO

Tiempo: 1 hora y 15 minutos + 6 horas de congelación • Dificultad: media • Para: 8 personas

INGREDIENTES

4 cucharaditas
de arroz inflado
(ver «Elaboración
propia» en Glosario)
4 cucharaditas de aceite
de vainilla
(ver «Elaboración
propia» en Glosario)

Para la crema
de patatas y puerros:
1 cebolla dulce
500 g de patatas
(variedad Monalisa)
1 puerro
1 l de caldo vegetal
(ver «Elaboración
propia» en Glosario)
Sal y pimienta blanca
30 g de mantequilla

Para las esferas
de melocotón
(8 bombones):
800 g de melocotones
¼ de rama de vainilla
abierta
60 g de fructosa
22 g de gelatina vegetal

ELABORACIÓN

Para la crema de patatas y puerros:
1. Rehogamos la cebolla, las patatas y el puerro cortados con la mantequilla vegetal. Vertemos el caldo, añadimos una pizca de sal y pimienta, y cocemos tapado y a fuego lento durante 30 minutos.

2. Pasamos por la batidora eléctrica, colamos, dejamos enfriar por completo y reservamos en la nevera.

Para las esferas de melocotón:
3. En una olla, introducimos los melocotones pelados y cortados en trozos con la vainilla abierta y la fructosa. Tapamos con papel film transparente y cocemos a fuego muy lento durante 1 hora.

4. Colamos, reservamos el líquido de la cocción y pasamos el resto por la batidora eléctrica.

5. Rellenamos las 16 cavidades semiesféricas (de 4 cm de diámetro cada una) de un molde de silicona con el puré obtenido y congelamos durante 6 horas.

6. Pasado este tiempo, mezclamos el líquido reservado de los melocotones con un poco de agua (si es necesario) hasta obtener unos 400 g. Añadimos la gelatina vegetal y llevamos al punto de ebullición.

7. Retiramos del congelador el molde de silicona y desmoldamos las 16 semiesferas de melocotón. Las unimos de dos en dos para formar 8 esferas, las pinchamos con la ayuda de una aguja pequeña y las sumergimos rápidamente en la mezcla de gelatina vegetal. Repetimos la operación dos veces hasta que se gelifiquen.

8. Reservamos las esferas en la nevera hasta que su interior se descongele.

Para el montaje del plato:
9. Servimos la crema fría en un bol pequeño con un poco de aceite de vainilla y una esfera de melocotón con el arroz inflado por encima.

Más ideas

Podemos utilizar albaricoque y seguir el mismo proceso de elaboración. En el agua de cocción de la fruta podemos añadir una especia (curry, por ejemplo) para jugar con el contraste de sabores.

CUCURUCHO DE BLOODY MARY Y FRESA

Tiempo: 30 minutos + 6 horas de congelación • Dificultad: fácil • Para: unas 12 personas

INGREDIENTES

3 hojas de pasta *brick*
3 cucharadas de aceite
  de oliva virgen

Para el sorbete
  de Bloody Mary:
200 g de zumo
  de tomate
50 g de vodka
1,2 g de salsa inglesa
1,2 g de sal
1 pizca de pimienta
  molida
2 gotas de tabasco
8 g de aceite
  de oliva virgen
5 g de dextrosa
20 g de pro-sorbete
12 g de glicerina
75 g de fresas

ELABORACIÓN

Para el sorbete de Bloody Mary:

1. Mezclamos el zumo de tomate, las fresas, el vodka, la salsa inglesa, el tabasco y el aceite de oliva.

2. Mezclamos la sal, la pimienta, la dextrosa, el pro-sorbete y la glicerina.

3. Juntamos todo y pasamos por la batidora eléctrica hasta conseguir una textura homogénea. Dejamos reposar en la nevera y pasamos por la máquina heladera, o bien congelamos y pasamos por la Pacojet (sorbetera profesional) justo antes de servir.

Para los cucuruchos de pasta *brick*:

4. Pintamos las hojas de pasta *brick* con un poco de aceite de oliva y las cortamos en cuatro porciones para obtener varios triángulos. Enrollamos cada triángulo en un cono de acero inoxidable para repostería (de 3,4 × 14 cm) y horneamos durante 4 minutos a 180 °C. Dejamos enfriar.

5. Retiramos la pasta de los cucuruchos y repetimos la misma operación hasta terminar los triángulos de pasta.

6. Reservamos los cucuruchos en un recipiente cerrado herméticamente y fuera de la nevera.

Para el montaje del plato:

7. Con la ayuda de una manga pastelera de plástico y su correspondiente boquilla pequeña de estrella abierta, rellenamos los cucuruchos con el sorbete de Bloody Mary.

8. Aliñamos el sorbete con unas gotas de aceite virgen justo antes de servir.

Más ideas

Para aportar un toque de originalidad y realzar el sabor del sorbete, podemos añadir por encima unas hojitas de apio cortadas en juliana y unos dados de aceitunas negras, previamente deshidratadas en el horno.

Si no disponemos de heladera o Pacojet, podemos obtener un sorbete de textura igualmente cremosa dejándolo a temperatura ambiente durante unos minutos.

CRUJIENTE DE PATATA VIOLETA Y GALLETAS DE CACAHUETE CARAMELIZADO

Tiempo para el crujiente: 20 minutos + 1 hora de deshidratación • **Tiempo para las galletas:** 15 minutos •
Dificultad: fácil • **Para:** 4 personas

INGREDIENTES

Para el crujiente
de patata violeta:

300 g de patatas violeta
100 g de patatas
Sal
Aceite de girasol

Para las galletas
de cacahuete
caramelizado:

100 g de cacahuetes
60 g de azúcar

ELABORACIÓN

Para el crujiente de patata violeta:
1. Pelamos, cortamos y cocemos ambos tipos de patata en agua salada durante unos 25 minutos.

2. Pasamos por la batidora eléctrica con un poco de su agua hasta obtener una textura cremosa y fina.

3. Con la ayuda de una espátula, extendemos la crema sobre una hoja de silicona y horneamos a 80 °C durante 2 horas hasta obtener una lámina seca de color violeta.

4. Cortamos a mano la lámina en chips y freímos con aceite de girasol a una temperatura máxima de 145 °C para que no pierda el color ni el sabor. Depositamos los crujientes sobre papel absorbente y rectificamos de sal antes de servir.

Para las galletas de cacahuete:
5. En una sartén, calentamos el azúcar y los cacahuetes hasta obtener un tono oscuro.

6. Estiramos rápidamente la mezcla sobre una hoja de silicona (silpat) y dejamos enfriar hasta que adopte un aspecto de nougatina.

7. Trituramos finamente y sobre una hoja de silicona formamos varios círculos de 4 cm de diámetro con la ayuda de una cuchara sopera. Horneamos durante 3 minutos a 180 °C.

8. Dejamos enfriar y servimos. Es recomendable servir las galletas una vez elaboradas, pues al llevar caramelo quedan blandas enseguida. Podemos conservar el polvo de cacahuete en un recipiente de plástico o en una bolsa al vacío hasta su utilización.

Más ideas

Antes de freírla, podemos conservar la lámina en un lugar seco y en el interior de una caja hermética con gel de sílice para evitar que haya humedad. Este crujiente puede servirse acompañado de cualquier preparación salada, una *mousse* o un bombón líquido de queso.

MARSHMALLOW DE TRUFA Y AVELLANAS CON GALLETA INTEGRAL

Tiempo: 20 minutos + 3 horas de gelificación + 7 horas de deshidratación a 35 °C • **Dificultad:** media • **Para:** 20 *marshmallow*

INGREDIENTES

2 cucharadas de albúmina
2 cucharadas de aceite de trufa negra
100 g de agua
1 pizca de sal
1 hoja de gelatina
100 g de avellanas tostadas y picadas sin piel

Para las galletas integrales de arroz soufflé:

5 galletas integrales de arroz soufflé
Agua
½ cucharadita de boletus en polvo
Aceite de girasol
Sal

ELABORACIÓN

Para los *marshmallow*:

1. Mezclamos y calentamos el agua, la sal y el aceite de trufa, añadimos la hoja de gelatina y la albúmina.

2. Dejamos enfriar y montamos con una batidora de mano y sobre un bol con hielo hasta obtener un merengue de textura densa.

3. Forramos una bandeja de aluminio plana de 0,5 l (12 × 17 cm) con papel film, estiramos el merengue y dejamos cuajar en la nevera durante 3 horas.

Para las galletas:

4. Sumergimos las galletas previamente troceadas en agua templada durante 15 minutos para rehidratarlas.

5. Escurrimos bien, añadimos el boletus en polvo con la sal y amasamos todo junto.

6. Extendemos la mezcla sobre una hoja de silicona y cubrimos con film transparente. Con la ayuda de un rodillo, estiramos la masa hasta conseguir una hoja fina. Retiramos el film y dejamos secar durante 7 horas a 35 °C en la deshidratadora. Una vez transcurrido este tiempo, rompemos la hoja en trozos desiguales para obtener las galletas.

7. Conservamos las galletas dentro de una caja hermética y en un lugar seco hasta que llegue el momento de freírlas.

8. Antes de servirlas, freímos las galletas en aceite de girasol a 200 °C.

Para el montaje del plato:

9. Cortamos los *marshmallow* en cuadrados, rebozamos con las avellanas picadas y servimos sobre las galletas integrales.

Más ideas

Podemos sustituir la seta por tomate o espinaca en polvo. Si no disponemos de deshidratadora, el *marshmallow* también puede servirse sobre un *cracker* o una teja salada.

GIN TONIC Y LIMA CARAMELIZADA

Tiempo: *20 minutos + 3 horas de reposo* • Dificultad: *fácil* • Para: *10 personas*

INGREDIENTES

1 lima para la ralladura
10 vasitos altos

Para la mermelada
de lima:
3 limas
120 g de azúcar

Para la espuma
de gin tonic:
85 g de claras de huevo
50 g de zumo de lima
50 g de ginebra
180 g de tónica
2 hojas de gelatina
previamente remojadas
en agua fría

ELABORACIÓN

Para la espuma de gin tonic:

1. Calentamos una tercera parte de la ginebra y añadimos las hojas de gelatina previamente remojadas en agua fría. Retiramos del fuego y dejamos enfriar.

2. Rompemos las claras con unas varillas, añadimos la ginebra sobrante y mezclamos con el resto de ingredientes y la ginebra con gelatina. Introducimos la mezcla en un sifón de espumas (de ½ l) y colocamos dos cápsulas de N2O. Dejamos reposar en la nevera durante 3 horas.

Más ideas

En lugar de los vasitos, podemos vaciar algunas limas, envolverlas en papel film y reservarlas en el congelador hasta el momento de utilizarlas para servir en su interior la espuma con lima caramelizada.

Para la lima caramelizada:

3. Cortamos las limas en pequeños dados y salteamos con el azúcar en una sartén caliente hasta conseguir un color caramelo castaño. Dejamos enfriar y reservamos en la nevera hasta su utilización.

Para el montaje del plato:

4. Servimos la espuma de gin tonic en unos vasitos con un poco de lima caramelizada en su interior y la ralladura de lima por encima.

GRISINES DE SABORES

Tiempo: 15 minutos + 50 minutos de reposo + 7 minutos de cocción • **Dificultad:** fácil •
Para: unos 20 grisines

INGREDIENTES

Para los grisines:
125 g de harina
15 g de lecitina de soja
10 g de queso manchego
60 g de agua
**4 g de levadura
  de panadero**
1 cucharada de aceite
3 g de sal

**Para la gelatina de
  tomate y orégano:**
150 g de agua
**1 cucharadita de tomate
  en polvo, orégano, sal**
7,5 g de gelatina vegetal

**Para la gelatina de curry
  y sésamo:**
**150 g de nata de 35%
  M.G.**
2 cucharaditas de curry

ELABORACIÓN

Para la masa de los grisines:
1. Diluimos la levadura y la lecitina de soja en el agua templada y dejamos reposar 10 minutos.

2. Una vez transcurrido dicho tiempo, añadimos el aceite de oliva, la harina, la sal y el queso manchego rallado. Amasamos hasta obtener una masa elástica y dejamos fermentar hasta que aumente visiblemente su volumen.

3. Cortamos la masa en bolitas de 10 g, moldeamos en forma de pequeña *baguette* y dejamos fermentar durante 10 minutos más. Horneamos 10 minutos a 200 °C.

Para la gelatina de tomate y orégano:
4. Diluimos el tomate en polvo, la sal y la gelatina vegetal en el agua. Calentamos hasta alcanzar el punto de ebullición, vertemos en un vaso alto y utilizamos para mojar los grisines.

5. Espolvoreamos los grisines con el orégano y dejamos secar unos segundos.

INGREDIENTES

Sésamo negro
7,5 g de gelatina vegetal
Sal

Para la gelatina de
espinacas y cebolla frita:
150 g de leche
35 g de brotes de
espinacas crudas
50 g de cebolla frita
crujiente (envasada
y disponible en
supermercados)
7,5 g de gelatina vegetal
Sal

Para la gelatina
de leche y trufa:
150 g de leche
1 pizca de nuez moscada
molida
1 pizca de pimienta
1 pizca de sal
20 g de trufa
negra picada
7,5 g de gelatina vegetal

ELABORACIÓN

Para la gelatina de curry y sésamo:
6. Mezclamos el curry, la sal y la gelatina vegetal con la nata. Calentamos hasta alcanzar el punto de ebullición, vertemos en un vaso alto y utilizamos para mojar los grisines.

7. Espolvoreamos los grisines con el sésamo y dejamos secar durante unos cuantos segundos.

Para la gelatina de espinacas y cebolla frita crujiente:
8. En un cazo, cocemos las espinacas en la leche con la sal, pasamos por la batidora eléctrica y colamos.

9. Incorporamos la gelatina vegetal a la crema de espinacas y calentamos hasta que alcance el punto de ebullición.

10. Vertemos en un vaso alto y empapamos los grisines con la crema. Espolvoreamos con la cebolla frita crujiente y dejamos secar.

Para la gelatina de leche y trufa:
11. En un cazo, mezclamos la leche, la sal, la pimienta, la nuez de moscada molida y la gelatina vegetal. Calentamos hasta alcanzar el punto de ebullición y sin dejar de remover, vertemos en un vaso alto, mojamos los grisines y espolvoreamos con la trufa negra picada. Dejamos secar.

Para el montaje:
12. Servimos enseguida los grisines mezclando los sabores.

Más ideas

Podemos utilizar la misma técnica cambiando los sabores y acortar el proceso de elaboración adquiriendo los grisines ya hechos. El uso de la lecitina de soja en la elaboración de la masa permite aumentar su volumen durante la fermentación y aporta una textura más ligera en boca.

HUEVO DURO BICOLOR CON SALMÓN AHUMADO Y HUEVAS DE TRUCHA

Tiempo: 45 minutos • **Dificultad:** media • **Para:** 4 personas

INGREDIENTES

4 ramitas de cebollino
20 g de huevas de trucha

Para los huevos duros
en gelatina:
4 huevos
Aceite de oliva virgen
Sal

Para la crema
de clara cocida:
Las claras cocidas
de los 4 huevos
170 g de agua
Sal
8,5 g de gelatina vegetal
para las claras

ELABORACIÓN

Para los huevos duros en gelatina:

1. Forramos el interior de 4 boles pequeños con papel film y, con la ayuda de un pincel, engrasamos su superficie con aceite de oliva.

2. Con la punta de un cuchillo, rompemos con mucho cuidado la parte superior de la cáscara de los 4 huevos y vaciamos cada uno en su correspondiente bol.

3. Una vez vaciados, limpiamos el interior de las cáscaras con agua fría y las depositamos en una caja de plástico para huevos que nos servirá como soporte para poder rellenarlas más adelante.

4. Salamos cada bol, juntamos y atamos las puntas del film transparente para formar los saquitos.

5. Cocemos los 4 saquitos en agua hirviendo durante unos 12 minutos. Dejamos que se enfríen y retiramos el papel film.

6. Una vez fríos, separamos las claras de las yemas.

INGREDIENTES

**Para la crema
de yema cocida:**

Las yemas cocidas
de los 4 huevos
100 g de agua
7,5 g de gelatina vegetal
para las yemas
Sal

**Para la nata montada de
salmón ahumado:**

50 g de salmón
ahumado
100 g de nata
de 35% M.G. para
montar
Sal

ELABORACIÓN

Para la crema de clara cocida:
7. Añadimos los 170 g de agua, rectificamos de sal y trituramos con la batidora eléctrica hasta conseguir una crema fina blanca. Agregamos los 8,5 g de gelatina vegetal y calentamos la crema en una olla pequeña y sin dejar de remover hasta que alcance el punto de ebullición. Retiramos del fuego y utilizamos para rellenar hasta la mitad las 4 cáscaras de huevos reservadas en la caja. Dejamos gelificar 10 minutos en el frigorífico.

Para la crema de yema cocida:
8. Mezclamos las yemas cocidas con los 100 g de agua y la sal. Trituramos con la batidora eléctrica hasta conseguir una crema fina. Agregamos los 7,5 g de gelatina vegetal y calentamos sin dejar de remover hasta alcanzar el punto de ebullición.

9. Sacamos del frigorífico las cáscaras con las claras, acabamos de rellenarlas utilizando la crema de yema cocida y dejamos gelificar durante 15 minutos más en el frigorífico.

10. Una vez transcurrido el tiempo de gelificación, volvemos a sacar los huevos de la nevera y retiramos las cáscaras con cuidado para obtener unos originales huevos duros bicolor.

11. Con la ayuda de una cucharita de café, practicamos un agujero en medio de cada huevo duro que más adelante nos permita introducir la nata montada de salmón.

Para la nata montada de salmón:
12. Con la batidora, trituramos el salmón ahumado con la nata y la sal hasta conseguir una textura montada. Introducimos la mezcla en una manga de plástico y reservamos en la nevera hasta su uso.

Para el montaje del plato:
13. Rellenamos cada huevo con la nata montada de salmón ahumado y servimos con 1 cucharadita de huevas de trucha por encima y un poco de cebollino cortado muy fino.

> **Más ideas**
> Podemos rellenar los huevos con marisco, atún o champiñones y, según la temporada, servirlos ligeramente calientes a una temperatura máxima de (80 °C) o fríos.

SMOOTHIE DE PEPINO, MELÓN Y ESPINACAS

Tiempo: 10 minutos • **Dificultad:** fácil • **Para:** 6 personas

INGREDIENTES

½ pepino
250 g de melón
50 g de espinacas
100 g de leche
de almendra
*(ver «Elaboración
propia» en Glosario)*
0,5 g de xantana

ELABORACIÓN

1. Pelamos y cortamos el pepino y el melón.

2. Lavamos y escurrimos las espinacas.

3. Trituramos en una licuadora todos los ingredientes y pasamos la mezcla obtenida por un colador fino.

4. Introducimos el licuado en un sifón de espumas de ½ l, cerramos e introducimos dos cápsulas de N2O. Agitamos y repartimos el *smoothie* en varias copas.

BATIDO DE PAPAYA, NARANJA, POMELO Y CILANTRO

Tiempo: 10 minutos • **Dificultad:** fácil • **Para:** 4 personas

INGREDIENTES

230 g de pulpa de
papaya (unos 400 g
con piel y semillas)
200 g de zumo
de naranja
150 g de zumo
de pomelo
30 g de azúcar moreno
3 g de cilantro fresco
0,9 g de xantana

ELABORACIÓN

1. Introducimos en el vaso de la batidora o en la Thermomix todos los ingredientes, trituramos bien y pasamos por un colador.

2. Reservamos en el frigorífico durante 2 horas y servimos bien frío y en vasos altos.

Más ideas

Para conseguir una textura más ligera y espumosa, una vez elaborado podemos introducir el batido en un sifón de ½ l con dos cápsulas de N2O y reservarlo en el frigorífico durante 1 hora. Al momento de servir, agitamos el sifón y servimos en vasos altos.

BATIDO DE ZANAHORIA, NARANJA Y CURRY

Tiempo: 10 minutos • Dificultad: fácil • Para: 6 personas

INGREDIENTES

- 2 zanahorias
- 4 naranjas
- 2 cucharadas de azúcar moreno
- 1 pizca de curry
- 2 g de xantana

ELABORACIÓN

1. Pelamos y cortamos la zanahoria. Exprimimos las naranjas.

2. Trituramos y mezclamos en una licuadora las zanahorias, el zumo de naranja y el resto de los ingredientes. Pasamos la mezcla obtenida por un colador fino.

3. Introducimos el licuado en un sifón de espumas de ½ l, cerramos e introducimos dos cápsulas de N2O. Agitamos y repartimos el batido en varias copas.

Más ideas

Podemos acompañar el batido con un snack crujiente.

BATIDO DE PIÑA, RON Y LECHE DE COCO

Tiempo: 10 minutos • Dificultad: fácil • Para: 4 personas

INGREDIENTES

- 300 g de piña
- 200 g de leche de coco
- 50 g de ron blanco
- 2 hojas de menta
- 2 cucharadas de sirope de agave
- 5 cubitos de hielo
- 2 g de xantana

ELABORACIÓN

1. Pelamos y cortamos la piña. Introducimos la fruta y el resto de ingredientes en el vaso de la batidora, trituramos y pasamos por un colador fino.

2. Repartimos en copas.

Más ideas

Podemos servir el batido con una bola de helado de ron con pasas o de helado de coco.

BOMBONES DE VERMUT ROJO Y NARANJA CON SU GELATINA

Tiempo para los bombones: 15 minutos + 6 horas de congelación • Dificultad: fácil • Para: 15 bombones, aprox.
Tiempo para la gelatina: 15 minutos + 3 horas de gelificación • Dificultad: fácil • Para: 20 bombones

INGREDIENTES

Para unos 15 bombones de vermut rojo:

70 g de vermut rojo
100 g de zumo de naranja
20 g de agua
20 g de azúcar
1,5 g de xantana
150 g de manteca de cacao
Colorante de oro en polvo

ELABORACIÓN

Para los bombones de vermut rojo:

1. Preparamos un jarabe con el agua y el azúcar.

2. Exprimimos las naranjas y colamos el zumo.

3. Mezclamos el zumo con el vermut y el jarabe.

4. Incorporamos poco a poco la xantana a la mezcla anterior y removemos con la ayuda de una batidora eléctrica y sin texturizar demasiado para no introducir un exceso de aire.

5. Introducimos la mezcla en un molde para cubitos redondos de hielo y congelamos durante 6 horas.

6. Fundimos en el microondas la manteca de cacao y mantenemos a una temperatura templada de 36 °C, aproximadamente.

7. Sacamos del congelador el molde de cubitos y desmoldamos con cuidado los bombones helados.

8. Ensartamos cada bombón congelado en un palillo de madera y rápidamente lo bañamos un par de veces en la manteca de cacao. Reservamos los bombones en un recipiente con tapa en el frigorífico.

9. Una vez descongelados, retiramos los bombones del frigorífico y pintamos su superficie con un poco de colorante de oro en polvo antes de servir.

Más ideas

La técnica de bañar los bombones en manteca de cacao puede aplicarse también a preparaciones dulces, mezclando chocolate negro o blanco con la manteca de cacao (al 50%). Si preferimos utilizar bombones con rellenos salados, el baño debe tener un 80% de manteca de cacao y un 20% de aceite de oliva virgen.

INGREDIENTES

Para 20 bombones de
gelatina de vermut:
Aceite de oliva virgen

Para la gelatina de
vermut rojo y naranja:
70 g de vermut rojo
100 g de zumo
   de naranja
20 g de agua
20 g de azúcar
3,5 hojas de gelatina

Para la crema
de aceitunas:
120 g de aceitunas
   verdes rellenas
   de anchoa
0,5 g de xantana

ELABORACIÓN

Para la gelatina de vermut:

10. Hidratamos las hojas de gelatina con agua fría durante 5 minutos.

11. En un cazo, calentamos el agua y el azúcar; incorporamos las hojas de gelatina, el zumo de naranja y el vermut rojo.

12. Recubrimos el fondo de una bandeja de aluminio (de 10 × 15 cm) con papel film y vertemos la preparación. Dejamos gelificar durante 3 horas en la nevera.

Para la crema de aceitunas:

13. Pasamos por la batidora eléctrica las aceitunas escurridas con un poco de su agua y la xantana hasta obtener una crema fina. Introducimos en una manga pastelera de plástico y reservamos en la nevera hasta su uso.

Para el montaje del aperitivo:

14. Desmoldamos con cuidado la gelatina de vermut rojo y cortamos en dados iguales de 1 x 1 cm, aproximadamente. Extendemos sobre una superficie seca 20 láminas de obulato (9 × 9 cm) y pintamos el centro de cada una con un poco de aceite de oliva.

15. Colocamos un dado de gelatina en el centro de cada lámina y cerramos como si fuese un regalo, sin tapar la parte superior.

16. Ponemos un punto de crema de aceitunas por encima de la gelatina y servimos de inmediato.

MERENGUE SALADO DE PANCETA, CREMA DE AJO NEGRO, LANGOSTINO Y CIRUELA

Tiempo: 20 minutos + 5 horas de deshidratación a 70 °C • Dificultad: fácil • Para: unos 10 merengues

INGREDIENTES

10 langostinos frescos
4 ciruelas sin hueso
2 lonchas de panceta ahumada
Aceite de oliva virgen
50 g de caviar de aceite (caviaroli)
Sal

Para el merengue:
40 g de agua templada
0,7 g de xantana
1,7 g de albúmina
37 g de clara de huevo
1 cucharadita de azúcar
Una pizca de sal
1 hoja de silicona

Para la crema de ajo negro:
10 g de kuzu
150 g de agua
40 g de ajo negro confitado sin piel
6 g de azúcar
Una pizca de sal

ELABORACIÓN

Para la crema de ajo negro:

1. Con la ayuda de una batidora eléctrica, trituramos el ajo negro con el agua, el azúcar y la sal. Colamos.

2. Disolvemos el kuzu en la mezcla anterior y calentamos a fuego lento removiendo con una espátula durante 3 minutos hasta conseguir una textura cremosa ligera.

3. Introducimos la mezcla en una manga pastelera de plástico y dejamos enfriar.

Para el polvo de panceta ahumada:

4. Colocamos la panceta entre dos papeles absorbentes y calentamos en el microondas durante 3 minutos hasta que esté seca.

5. Trituramos la panceta con la ayuda de un molinillo.

Para el merengue:

6. Calentamos el agua a 40 °C, añadimos las claras de huevo y la mezcla de xantana, azúcar, sal y albúmina.

7. Montamos en la batidora de varillas hasta alcanzar el punto de nieve.

8. Añadimos el polvo de panceta y con la ayuda de la manga pastelera escudillamos en forma de espiral sobre una hoja de papel de silicona. Horneamos a 70 °C durante 5 horas.

9. Reservamos el merengue en una caja hermética y en un lugar seco.

Para el montaje del plato:

10. Cortamos las ciruelas en dados muy pequeños.

11. Separamos la cabeza de la cola de los langostinos. Pelamos y freímos las colas durante unos segundos en la sartén con un poco de aceite y sal.

12. Depositamos en el centro del merengue un poco de crema de ajo negro, un langostino por encima y unos daditos de ciruelas. Culminamos con una cucharadita de caviar de aceite.

Más ideas

El merengue salado es un *snack* muy versátil que podemos utilizar como soporte de cualquier crema o espuma (de queso, *foie*...), e incluso para todo tipo de canapés.

ACEITUNAS NEGRAS Y VERDES CARAMELIZADAS

Tiempo: 15 minutos ▪ Dificultad: fácil ▪ Para: 4 personas

INGREDIENTES

- 8 aceitunas negras sin hueso
- 8 aceitunas verdes sin hueso
- 160 g de isomalt en polvo
- 16 palillos de madera

ELABORACIÓN

1. Ensartamos cada aceituna en un palillo de madera, por la parte inferior y ligeramente inclinadas.

2. En un cazo, calentamos el isomalt en polvo a fuego suave y removemos con una espátula hasta que quede disuelto.

3. Sumergimos cada aceituna en el caramelo transparente, retiramos, dejamos que se desprenda el exceso de caramelo y esperamos a que se seque y cristalice hasta que adopte una forma alargada y abstracta.

4. Retiramos los palillos con cuidado y servimos las aceitunas negras y verdes de forma alternada.

Más ideas

Este aperitivo es ideal para acompañar un Bloody Mary. También se puede utilizar esta técnica con fresas o cerezas, e incluso crear perlas rellenas de aceite de oliva.

OSTRAS CON PERLAS DE HUEVAS DE TRUCHA Y VINAGRETA DE CITRONELLA

Tiempo: 20 minutos + 12 horas de reposo • Dificultad: fácil • Para: 4 personas

INGREDIENTES

4 ostras
1 lima

Para la vinagreta de citronella y jengibre:

2 palos de citronella cortados en rodajas pequeñas
5 g de jengibre fresco cortado en daditos
350 g de aceite de oliva virgen suave

Para el caldo de atún:

300 g de agua mineral
60 g de atún fresco con piel
2 g de alga wakame seca

Para las esferas de huevas de trucha:

24 g de huevas de trucha
250 g de caldo de atún (elaboración anterior)
6 g de gluconolactato
1 g de xantana, sal

Para el baño:

500 g de agua mineral
2,5 g de alginato

ELABORACIÓN

Para la vinagreta:

1. Confitamos la citronella y el jengibre en el aceite durante 30 minutos a fuego suave. Una vez frío, conservamos el aceite en un recipiente de cristal.

Para el caldo de atún:

2. En un cazo, calentamos el agua, el atún y el alga a fuego suave durante 5 minutos. Dejamos infusionar tapado 5 minutos más y colamos. Reservamos 250 g de este caldo de atún.

Para el baño:

3. Mezclamos el agua y el alginato con la ayuda de una batidora eléctrica. Dejamos reposar 12h.

Para las esferas de huevas de trucha:

4. Mezclamos los 250 g de caldo de atún reservado con el gluconolactato y la xantana. Rectificamos de sal, pasamos por la batidora eléctrica y dejamos reposar 12 horas en la nevera.

5. Llenamos una cuchara dosificadora para esféricos con un poco de caldo de atún y unas huevas de trucha. Sumergimos la mezcla en el baño de alginato y dejamos gelificar durante 2 o 3 minutos. Escurrimos con la ayuda de una cuchara coladora para esféricos y sumergimos en un baño de agua mineral.

6. Repetimos la operación hasta acabar las huevas.

7. Reservamos las esferas en aceite de oliva.

8. Servimos cada ostra con una perla de huevas de trucha en su interior, aliñamos con una cucharada de vinagreta de citronella y jengibre, y unas gotitas de lima exprimida.

Más ideas

La perfumada vinagreta de citronella y jengibre es excelente para aliñar un *carpaccio* de atún o, de gambas, o para cualquier pescado al vapor o a la plancha.

PAN CON TOMATE Y JAMÓN IBÉRICO

Tiempo: 20 minutos + 12 horas de reposo • **Dificultad:** fácil • **Para:** 4 personas

INGREDIENTES

½ barra de pan precocido
 congelado
4 lonchas de jamón
 ibérico de bellota
500 g de tomates
Sal, agua
Aceite de oliva virgen

Para el caviar de tomate:
250 g de agua de tomate
2 g de sal
2 g de alginato

Para el baño:
1 l de agua
10 g de cloruro cálcico

ELABORACIÓN

1. Cortamos el pan congelado en láminas finas y a lo largo. Enrollamos cada lámina alrededor de 2 tubos metálicos (de 2 cm de diámetro × 15 cm de largo). Tostamos en el horno y reservamos.

3. Lavamos, cortamos y trituramos los tomates con la sal con la ayuda de una batidora. Colamos y reservamos 250 g para elaborar el caviar.

Para el caviar de tomate:
4. Pasamos por un colador fino el puré de tomate y añadimos el alginato mezclándolo todo con la batidora eléctrica. Dejamos reposar 12 horas.

Para el baño:
5. Disolvemos el agua con el cloruro cálcico y dejamos reposar 1 hora.

Para el montaje del plato:
6. Introducimos la mezcla de agua y cloruro cálcico en una cubeta. Vertemos agua mineral en otra cubeta. Llenamos una jeringuilla con la mezcla de tomate y alginato. Escudillamos gota a gota en el baño de agua y cloruro cálcico.

7. Dejamos gelificar 1 minuto y retiramos el caviar con la cuchara coladora para esferificaciones.

8. Sumergimos el caviar en el baño de agua y reservamos en aceite en un recipiente hermético y en la nevera hasta su utilización.

9. Servimos las lonchas de jamón sobre las láminas de pan previamente untadas con aceite y el caviar de tomate.

SANGRÍA DE VINO TINTO CON FRUTAS, BERBERECHOS Y PATATAS *CHIPS*

Tiempo: 15 minutos + 15 minutos de gelificación • **Dificultad:** fácil • **Para:** 8 personas

INGREDIENTES

Brotes de rúcula *cress*
   o de perejil chino
Fruta al gusto y según
   temporada (manzana,
   naranja, fresa,
   grosella...)
1 lata de berberechos
Salsa picante para
   aperitivo
8 patatas *chips* de bolsa,
   sal

Para la sangría
   de vino tinto:
125 g de vino tinto
40 g de zumo
   de naranja
40 g de gaseosa
1,5 cucharadas
   de ginebra
1,5 cucharadas
   de Cointreau
1,5 cucharadas de coñac
1 cucharada de azúcar
Unas gotas de limón
½ rama de canela
12,5 g de gelatina
   vegetal en polvo

Para la reducción
   de naranja:
100 g de zumo
   de naranja
60 g de azúcar

ELABORACIÓN

Para la sangría de vino tinto:

1. Mezclamos la gelatina vegetal con todos los ingredientes de la sangría y calentamos hasta alcanzar los 90 °C.

2. Vertemos y estiramos la mezcla en una bandeja plana de 3 mm de grosor y dejamos enfriar en la nevera hasta que gelifique.

Para la reducción de naranja:

3. Mezclamos el zumo de naranja con el azúcar y dejamos reducir hasta obtener una textura de jarabe. Dejamos enfriar.

Más ideas

Podemos cambiar el formato y servir la gelatina cortada en dados pequeños y mezclada con las frutas y los berberechos, como si se tratara de una ensalada.

Para el montaje del plato:

4. Cortamos las frutas en dados muy pequeños.

5. Cortamos la gelatina de sangría en un rectángulo de 5 × 10 cm y la disponemos en un plato con las frutas cortadas por encima, los berberechos con una gotas de salsa picante, un poco de reducción de naranja y las patatas.

6. Decoramos el aperitivo con algunos brotes esparcidos por encima.

TARTAR DE CIGALAS CON NAVAJAS, VODKA Y LICHIS

Tiempo: 45 minutos + 3 horas de gelificación • Dificultad: media • Para: 4 personas

INGREDIENTES

12 lichis en almíbar
Sal de cítricos
   (ver «Elaboración
   propia» en Glosario)

Para el tartar:
4 cigalas frescas
4 navajas gallegas
½ lima
1 rama de cilantro
10 g de jengibre fresco
Aceite de oliva virgen, sal

Para el tubo de
pasta brick:
1 hoja de pasta brick
   cortada en 4 láminas
   de 5 × 15 cm
10 g de mantequilla
   fundida

Para la reducción
de cítricos:
40 g de zumo colado
   de naranja
40 g de zumo de pomelo
20 g de azúcar
1 g de xantana

Para la gelatina
de vodka:
100 g de vodka
50 g de agua
2 hojas de gelatina
   previamente remojadas
   en agua fría

ELABORACIÓN

Para el tubo de pasta brick:
1. Pintamos las láminas de pasta brick con la mantequilla fundida y enrollamos cada pieza sobre un tubo metálico (de 2 cm de diámetro × 10 cm de largo). Horneamos 4 minutos a 180 °C. Dejamos secar y retiramos con cuidado el tubo metálico.

Para la gelatina de vodka:
2. Calentamos el agua en el microondas, derretimos las hojas de gelatina e incorporamos el vodka.

3. Introducimos la mezcla en un molde cuadrado y dejamos gelificar en la nevera durante 3 horas.

4. Cortamos la gelatina en dados de 0,5 mm y reservamos.

Para la reducción de cítricos:
5. Mezclamos el zumo de los cítricos con el azúcar. Calentamos la mezcla a temperatura media en el microondas y, poco a poco, vamos incorporando la xantana removiendo con unas varillas de mano hasta conseguir una textura ligeramente espesa.

Para el tartar:
6. En un cazo con agua, calentamos ligeramente las navajas hasta que se abran. Retiramos las valvas y extraemos los intestinos.

7. Pelamos las colas de las cigalas y retiramos los intestinos.

8. Picamos a cuchillo la carne de las navajas y de las cigalas.

9. Preparamos una vinagreta mezclando el cilantro, el jengibre, el zumo de lima, el aceite de oliva y la sal.

Para el montaje del plato:
10. Aliñamos el tartar de cigalas y navajas con la vinagreta, y rellenamos los tubos de pasta brick.

11. Servimos el tubo de tartar con dados de gelatina de vodka, la reducción de cítricos, los lichis y la sal de cítricos.

Más ideas

Pintar la pasta brick con mantequilla o aceite de oliva y espolvorearla con especias, hierbas secas, cacao en polvo o azúcar. Darle forma y hornearla durante 3 minutos a 180 °C.

ENTRANTES FRÍOS

ENSALADA DE INVIERNO CON BONIATO, CALABAZA, ZANAHORIA, BROTES Y ESPUMA DE REQUESÓN

Tiempo: 30 minutos • Dificultad: fácil • Para: 4 personas

INGREDIENTES

1 boniato mediano
100 g de calabaza
   cortada en daditos
   de 1 cm
8 zanahorias *baby*
Brotes de acelgas
Brotes de zanahoria
Brotes de manzanilla
Brotes de lechuga mini
30 g de dulce de
   membrillo cortado
   en daditos de 0,5 cm
1 cucharada de polen
1 cucharada de lino
Sal Maldon

Para la vinagreta de
miel-lima:
El zumo de 2 limas
50 g de miel
100 g de aceite de oliva
0,5 g de xantana

Para la espuma de queso
fresco:
150 g de requesón
90 g de nata de 35% M.G.
1,5 g de sal

ELABORACIÓN

1. Envolvemos con papel de aluminio el boniato y lo introducimos en el horno a 180 °C durante 45 minutos. Una vez finalizada la cocción, retiramos el papel de aluminio y la piel del boniato. Trituramos la carne con una cuchara y dejamos enfriar.

2. En una olla pequeña, ponemos agua con sal a hervir, escaldamos durante unos minutos las zanahorias *baby* peladas y los daditos de calabaza por separado. Seguidamente, enfriamos las verduras con agua y hielo, escurrimos y reservamos.

Para la espuma de queso fresco:
3. Pasamos por la batidora eléctrica la nata con el requesón y la sal hasta conseguir una crema fina. Colamos, llenamos un sifón de espumas de ½ l e introducimos las dos cápsulas de N2O. Reservamos en la nevera.

Para la vinagreta de miel-lima:
4. En un bol alto, mezclamos el zumo de lima con la miel y la xantana. Pasamos por la batidora eléctrica y emulsionamos incorporando poco a poco el aceite de oliva hasta conseguir una textura translúcida.

Para el montaje del plato:
5. Con la ayuda de un aro para emplatar de acero inoxidable (10 cm de diámetro), introducimos en el fondo la pulpa del boniato y depositamos con delicadeza e imitando un pequeño jardín las zanahorias *baby*, los dados de calabaza, los daditos de dulce de membrillo y los brotes.

6. Aliñamos con la vinagreta de miel-lima, unas escamas de sal Maldon, el lino y el polen. Servimos con la espuma de requesón en un bol aparte o en el mismo plato de la ensalada.

Más ideas

Para elaborar la espuma de requesón podemos utilizar *ricotta* (de origen italiano) o *mató*, queso fresco elaborado tradicionalmente en Cataluña a base de leche de vaca, cabra o oveja.

ENSALADA DE HABITAS, YOGUR, JAMÓN IBÉRICO Y CREMA DE EUCALIPTO Y MENTA

Tiempo: 20 minutos • **Dificultad:** fácil • **Para:** 4 personas

INGREDIENTES

200 g de habitas frescas peladas (1 kg sin pelar)
10 g de micromezclum (mezcla de brotes)
½ manzana roja
30 g de jamón ibérico
2 yogures griegos
Los pétalos de 2 flores de tagete
1 cucharadita de mostaza antigua
El zumo de ¼ de limón
5 hojas de menta
Aceite de oliva virgen
Sal
Sal Maldon

Para la crema de eucalipto:

250 g de agua
60 g de azúcar
4 hojas de eucalipto
2,2 g de agar-agar

ELABORACIÓN

1. Cocemos las habitas en agua hirviendo con 4 hojas de menta y una pizca de sal. Colamos y enfriamos en un recipiente con agua y hielo.

2. Mezclamos el zumo del limón, la mostaza, los yogures, la hoja de menta restante picada, la sal y un poco de aceite de oliva.

Para la crema de eucalipto:

3. Preparamos un jarabe mezclando el agua, el azúcar y las hojas de eucalipto troceadas. Hervimos durante 5 minutos a fuego lento y dejamos infusionar tapado unos minutos. Transcurrido este tiempo, lo pasamos por un colador.

4. Añadimos el agar-agar y llevamos a ebullición. Dejamos enfriar hasta que gelifique y pasamos por la batidora hasta conseguir una crema lisa.

5. Llenamos una manga pastelera de plástico y reservamos hasta su uso.

Para el montaje del plato:

6. Servimos la salsa de yogur en el plato, colocamos por encima las habitas previamente aliñadas con aceite de oliva, el jamón cortado en juliana fina, unos daditos de manzana, los brotes de micromezclum, los pétalos de tagetes, la crema de eucalipto con la ayuda de la manga pastelera y la sal Maldon.

Más ideas

Una vez hervidas y enfriadas, podemos repelar las habitas para resaltar su intenso color verde. Otra interesante alternativa son las habitas *baby* confitadas, de venta en envases de cristal.

Y para intensificar el aroma del jarabe de eucalipto, lo mejor es reservarlo durante toda una noche en la nevera.

ESPÁRRAGOS BLANCOS Y VERDES CON PAN DE LECHE Y SABAYÓN DE POMELO

Tiempo: 30 minutos + 3 horas de gelificación • **Dificultad:** fácil • **Para:** 4 personas

INGREDIENTES

8 puntas de espárrago blanco y otras 8 de espárrago verde
1 pan de leche
60 g de nueces de Macadamia tostadas
Sal
Sal Maldon
4 ramitas de perejil

Para la gelatina de pomelo:
200 g de zumo de pomelo rosado
2 hojas de gelatina
20 g de azúcar

Para el sabayón de pomelo:
4 yemas de huevo
100 g de zumo de pomelo rosado
10 g de azúcar
2 cucharadas de nata líquida de 35% M.G.
Sal

ELABORACIÓN

1. Cocemos por separado los espárragos blancos y verdes (previamente pelados) en agua con sal. Una vez cocidos, los colamos y enfriamos en un recipiente con agua y hielo para que adopten una textura crujiente. Escurrimos y reservamos en la nevera.

2. Secamos el pan de leche desmigado en el horno a baja temperatura (100 °C) y lo rallamos.

Para la gelatina de pomelo:
3. Calentamos el zumo de pomelo con el azúcar y añadimos las hojas de gelatina, previamente remojadas en agua fría. Dejamos gelificar en una bandeja y en la nevera durante 3 horas.

Para el sabayón de pomelo:
4. En un cazo al baño maría, agregamos el zumo de pomelo, la nata, el azúcar y las yemas. Con unas varillas, emulsionamos hasta lograr una textura cremosa, rectificamos de sal e introducimos la mezcla en un sifón de espumas de ½ l. Cerramos el sifón e introducimos una cápsula de N2O. Agitamos y reservamos al baño maría (65 °C) para mantener la crema templada hasta su utilización.

Para el montaje del plato:
5. Emplatamos verticalmente los espárragos acompañados del pan de leche rallado, las nueces de Macadamia troceadas, la gelatina de pomelo cortada en daditos, la sal Maldon y la rama de perejil. Una vez en la mesa, agregamos el sabayón de pomelo directamente en el plato.

Más ideas

Podemos sustituir el pomelo del sabayón por zumo de naranja. Dicho sabayón también es ideal para acompañar un pescado al vapor o a la plancha (lenguado, merluza, rodaballo, rape...).

CANELONES DE PIQUILLO CON REQUESÓN, VINAGRETA DE ACEITUNAS, ANCHOA Y PIÑONES

• Tiempo: *20 minutos* • Dificultad: *fácil* • Para: *8 canelones*

INGREDIENTES

400 g de requesón
2 cucharadas de aceite
 de oliva virgen
Sal, pimienta
Brotes de rúcula

Para el canelón:
150 g de pimientos
 del piquillo asados
 al fuego de leña
 (ya envasados)
100 g de agua, sal
11 g de gelatina vegetal

Para la vinagreta de
anchoas, aceitunas
y piñones:
30 g de piñones
 tostados, 20 g de
 aceitunas negras
4 filetes de anchoas
200 g de aceite de oliva

ELABORACIÓN

1. En un bol, mezclamos el requesón, la sal, la pimienta y el aceite de oliva y rellenamos una manga pastelera de plástico. Reservamos en la nevera hasta el momento de formar los canelones de piquillo.

Para la vinagreta:
2. Cortamos en daditos muy pequeños las aceitunas negras y las anchoas. Mezclamos con los piñones y vertemos en un bol con el aceite de oliva.

Para los canelones:
3. Pasamos los pimientos del piquillo, el agua y la sal por la batidora eléctrica hasta conseguir una crema fina. Colamos en un colador chino.

4. Mezclamos 220 g de la crema de pimientos con la gelatina vegetal y llevamos al punto de ebullición sin parar de remover. Introducimos la crema en el interior de dos bandejas planas (de 17 × 25 cm), extendemos en capas finas y dejamos gelificar 10 minutos.

5. Cortamos la gelatina de cada bandeja en 4 láminas iguales.

6. Con la manga pastelera de requesón realizamos un trazo recto sobre cada lámina y enrollamos para formar los canelones.

Para el montaje del plato:
7. Servimos los canelones con la vinagreta y unos brotes de rúcula.

CARPACCIO DE BACALAO, AGUACATE Y GEL DE CÍTRICOS

Tiempo: 30 minutos • Dificultad: fácil • Para: 4 personas

INGREDIENTES

**400 g de lomo
de bacalao desalado
Flores de pensamiento
(opcional)
1 rama de eneldo fresco
Rúcula, 4 cucharaditas
de huevas de trucha
4 cucharaditas de caviar
de aceite (caviaroli)
1 aguacate maduro
¼ de limón, sal**

Para la vinagreta de
mostaza antigua:

**1 cucharadita de
mostaza antigua
100 g de aceite de oliva**

Para el gel de cítricos:

**150 g de zumo de
pomelo, 100 g
de zumo de naranja
10 g de azúcar
10 hebras de azafrán
3 g de agar-agar**

ELABORACIÓN

Para el gel de cítricos:

1. En una olla, mezclamos el zumo de pomelo, el zumo de naranja, el azúcar, las hebras de azafrán y el agar-agar. Calentamos y llevamos al punto de ebullición, colamos y vertemos en una bandeja plana hasta que gelifique.

2. Una vez gelificada, pasamos la mezcla por la batidora eléctrica e introducimos el gel resultante en un biberón pequeño de cocina. Reservamos en el frigorífico.

3. Pasamos por la batidora eléctrica el aguacate pelado con un poco de sal y el zumo del limón hasta conseguir una crema fina. Introducimos la mezcla en una manga de plástico.

Para el montaje del plato:

4. Cortamos el bacalao en escalopines muy finos y emplatamos en forma circular.

5. Aliñamos con la vinagreta de mostaza y alternamos pequeñas bolas de gel de cítricos y crema de aguacate. Agregamos el caviar, las huevas de trucha, unas hojitas de eneldo, los pétalos de pensamiento y la rúcula.

Más ideas

Para evitar que la crema de aguacate se ennegrezca, conviene incorporar un poquito de ácido ascórbico justo en el momento de triturar el aguacate con el limón y la sal.

ENSALADILLA RUSA CON ATÚN FRESCO Y ESPUMA DE *WASABI*

Tiempo: 40 minutos + 3 horas de marinado • Dificultad: media • Para: 4 personas

INGREDIENTES

8 piezas de alcaparrones
4 huevos duros
  de codorniz
Hojas de eneldo frescas
40 g de huevas
  de trucha
Sal, aceite de oliva virgen
Sal Maldon

Para el atún:

320 g de lomo de atún
  fresco, 500 g de sal
150 g de azúcar
1 rama de eneldo fresco

Para la espuma
  de *wasabi*:

150 g de aceite
  de girasol
50 g de aceite de oliva
  virgen suave, 1 huevo
2 yemas de huevo
20 g de *wasabi* en pasta
1 pizca de sal

Para las verduras de
  la ensaladilla:

30 g de guisantes
4 patatas violeta
2 patatas *ratte*
4 zanahorias *baby*
30 g de judía verde
4 puntas de
  espárrago blanco
1 remolacha pequeña

ELABORACIÓN

Para el atún:

1. Mezclamos la sal, el azúcar y la rama de eneldo picada. Cubrimos los lomos de atún por ambos lados con esta mezcla durante 3 horas.

2. Limpiamos el atún marinado bajo el grifo de agua fría, lo secamos y cortamos en dados medianos. Reservamos en la nevera.

Para la espuma de *wasabi*:

3. Preparamos una mayonesa mezclando las yemas, el huevo, el *wasabi* y la sal. Con la ayuda de una batidora eléctrica, emulsionamos la mezcla incorporando poco a poco el aceite de girasol seguido del aceite de oliva. La textura ha de ser semilíquida.

4. Con la ayuda de un embudo, introducimos la mayonesa en un sifón de espumas de ½ l, lo cerramos y colocamos una cápsula de N2O. Agitamos y reservamos en la nevera.

Para las verduras de la ensaladilla:

5. Limpiamos y cocemos con agua y sal los guisantes, las patatas violeta cortadas por la mitad, las patatas *ratte* peladas y cortadas, las zanahorias *baby* peladas, las puntas de espárrago blanco y las judías verdes.

6. Colamos y enfriamos las verduras cocidas sumergiéndolas en un recipiente con agua y hielo.

7. Cocemos, pelamos y cortamos la remolacha en 8 gajos.

Para el montaje del plato:

8. Disponemos armónicamente las verduras sobre una base de patatas *ratte* trituradas. Incorporamos los dados de atún, los huevos duros de codorniz abiertos por la mitad, los alcaparrones, la espuma de *wasabi*, unas gotas de aceite de oliva, las hojas de eneldo, las huevas de trucha y unas escamas de sal Maldon.

Más ideas

En invierno, podemos servir este plato con las verduras calientes y acompañadas de una espuma de mayonesa con hierbas o azafrán. Para simplificar esta receta, se puede sustituir la espuma de *wasabi* por mayonesa envasada.

EL TOMATE EN SU ENTORNO NATURAL

Tiempo: 30 minutos + 24 horas de gelificación • **Dificultad:** fácil • **Para:** 8 personas

INGREDIENTES

8 tomates cherry rojos
y otros 8 amarillos
8 hojitas de albahaca
Aceite de oliva virgen

Para la *mousse*
  de tomate:

650 g de tomates
  maduros
1 cucharadita de sal
1 pizca de azúcar
2 cucharadas de vinagre
  balsámico
35 g de aceite de oliva
3 hojas de gelatina,
  previamente
  remojadas
15 g de albúmina
  en polvo

Para la tierra negra:

200 g de pan
  de molde seco
2 filetes pequeños
  de anchoa
100 g de aceitunas
  negras
1 bolsita de tinta
  de calamar
1 pizca de sal
1 pizca de tomillo

ELABORACIÓN

Para la *mousse* de tomate:

1. Trituramos los tomates cortados con la sal, el azúcar y el vinagre durante unos minutos y añadimos el aceite de oliva. Colamos y reservamos ½ l.

2. Calentamos una tercera parte de la sopa y añadimos las hojas de gelatina. Volvemos a mezclar con el resto de la sopa e incorporamos la albúmina con la ayuda de la batidora eléctrica. Vertemos en un bol, tapamos con papel film y reservamos en la nevera durante 3 horas.

3. Pasado este tiempo, montamos la sopa en la batidora hasta conseguir una consistencia de semimerengue. Vertemos en una bandeja de aluminio (de 3 cm de altura) previamente forrada de papel transparente y dejamos gelificar en el congelador durante 24 horas.

4. Una vez transcurrido el período de gelificación, retiramos la bandeja del congelador, cortamos la *mousse* en 8 cuadrados iguales e introducimos en la nevera hasta que quede parcialmente descongelada.

Para la tierra negra:

5. Con la ayuda de un cuchillo, picamos las aceitunas negras y las anchoas. Mezclamos con el pan seco troceado, la tinta de calamar, el tomillo y la sal. Amasamos hasta conseguir una masa negra.

6. Troceamos la masa, introducimos en una bandeja para horno y horneamos a 100 °C durante 1 hora, aproximadamente. Una vez seca, trituramos la masa hasta obtener un polvo negro.

Para el montaje del plato:

7. Servimos un cuadrado de *mousse* sobre la tierra negra esparcida en el plato, acompañado de los tomates cherry amarillos y rojos, y unas gotas de aceite de oliva.

8. Terminamos la decoración ensartando un corazón de albahaca sobre la *mousse*.

Más ideas

Para cambiar el tipo de presentación, podemos vaciar unos tomates maduros medianos, rellenar con la *mousse* de tomate, dejar gelificar durante 24 horas en la nevera y servir como en la receta inicial.

RAVIOLIS DE *FOIE* CON CAQUI, GRANADA Y SALSA ESPECIADA

Tiempo: 45 minutos + 15 minutos de gelificacion • Dificultad: media • Para: 4 personas

INGREDIENTES

1 caqui
1 g de xantana
1 granada desgranada
2 higos
50 g de dulce
   de membrillo cortado
   en daditos
20 g de piñones tostados
Sal Maldon

Para la *mousse*:
250 g de hígado crudo
   de pato
50 g de caldo de pollo
Sal
Pimienta

ELABORACIÓN

Para la salsa especiada:
1. Mezclamos todos los ingredientes de la salsa y dejamos reducir a fuego lento hasta obtener una consistencia de jarabe. Dejamos enfriar.

Para los raviolis transparentes de vainilla:
2. En un cazo pequeño, mezclamos en frío el agua, el azúcar, el agar-agar y la vainilla abierta, llevamos al punto de ebullición y extendemos el líquido en el interior de dos bandejas de 17 × 25 cm. Dejamos gelificar para obtener un velo transparente.

Para la *mousse* de *foie*:
3. Abrimos y desnervamos el hígado de pato con la ayuda de un cuchillo pequeño. Sazonamos con un poco de sal y pimienta.

4. Cortamos el hígado en trozos y trituramos con una batidora eléctrica, incorporando el caldo de pollo ligeramente caliente hasta conseguir una textura cremosa. Introducimos en una manga pastelera de plástico.

INGREDIENTES

200 g de agua
20 g de azúcar
2,5 g de agar-agar
**¼ de rama de
vainilla abierta**

Para la salsa especiada:
300 g de vino dulce
2 g de anís
2 g de comino
**2 g de pimienta negra
en grano**
¼ de rama de canela
1 hojita de tomillo
1 hoja de laurel
1 clavo
La piel de 1 naranja
La piel de 1 limón

**Para la textura de arena
(opcional):**
10 g de maltodextrina
**20 g de aceite de vainilla
(ver «Elaboración
propia» en Glosario)**

ELABORACIÓN

Para la textura de arena (opcional):

5. Vertemos el aceite de vainilla por encima de la maltodextrina y mezclamos hasta obtener una textura de arena. También podemos pasarlo por la sartén para que quede tostado y se formen pequeños granos con una apariencia semejante a la arena.

Para el montaje del plato:

6. Pelamos y pasamos el caqui por la batidora eléctrica con la xantana hasta conseguir una textura de gel. Introducimos la mezcla en un biberón pequeño de plástico. Si el caqui no está muy maduro, no será necesario añadir la xantana.

7. Con la ayuda de un aro de emplatar de acero inoxidable y de 7 cm de diámetro, cortamos el velo transparente de agar-agar y vainilla, introducimos en el centro de cada ravioli un poco de *mousse* de *foie* y lo cerramos formando una media luna.

8. Servimos tres raviolis fríos de *foie* por persona con un poco de gel de caqui, unos granos de granada, los piñones, ½ higo y unos daditos de dulce de membrillo. Finalmente, culminamos el plato vertiendo por encima la salsa especiada, 1 cucharadita de maltodextrina de vainilla y unas escamas de sal Maldon.

Más ideas

Podemos crear unas divertidas piruletas de *foie* introduciendo la *mousse* en un recipiente que guardaremos en la nevera hasta que se solidifique. A continuación, y con la ayuda de una cuchara parisina, formamos pequeñas bolas de *foie*, las ensartamos en un palito de madera y las rebozamos con frutos secos picados.

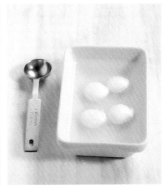

ENSALADA DE SANDÍA, CEREZAS, TOMATES Y *MOZZARELLA*

Tiempo: 20 minutos + 12 horas de reposo ● **Dificultad:** media ● **Para:** 4 personas

INGREDIENTES

500 g de sandía
100 g de cerezas
4 tomates cherry rojos
4 tomates, rúcula
Aceite de oliva virgen
Sal Maldon

Para la reducción:

100 g de vinagre balsámico
60 g de azúcar

Para las esferas:

125 g de *mozzarella*
50 g del agua en que se conserva
50 g de nata líquida
2 g de gluconolactato, sal

Para el baño:

½ l de agua mineral
2,5 g de alginato

ELABORACIÓN

Para la reducción de vinagre:
1. En un cazo, calentamos el vinagre balsámico y el azúcar hasta obtener una textura de jarabe. Dejamos enfriar.

Para el baño:
2. Pasamos por la batidora el agua mineral y el alginato. Dejamos reposar en la nevera durante 12 horas.

Para las esferas de *mozzarella*:
3. Mezclamos y calentamos en el microondas la nata con el suero y la sal. Vertemos sobre la *mozzarella* y trabajamos con la batidora, añadiendo el gluconolactato. Si la crema no queda lo bastante fina, pasamos por el colador y dejamos reposar en la nevera 12 horas.

4. Preparamos una cubeta plana con la mezcla de agua y alginato, y otra cubeta con agua sola. Llenamos de crema de *mozzarella* una cuchara para esferificaciones y elaboramos varias esferas sumergiéndolas en el baño de agua y alginato durante 1 minuto. Retiramos las esferas con una cuchara coladora para esferificaciones y las pasamos por el baño de agua mineral. Conservamos las esferas en aceite de oliva en la nevera.

Para el montaje del plato:
5. Ponemos un rectángulo de sandía en el plato y encima las cerezas, los tomates cortados, las esferas de *mozzarella* y la rúcula. Aliñamos con la reducción de balsámico, aceite y sal Maldon.

SARDINAS CON GAZPACHO AMARILLO Y RED DE PESCADOR

Tiempo: 25 minutos + 3 horas de gelificación • Dificultad: media • Para: 4 personas

INGREDIENTES

Para las sardinas marinadas:
12 sardinas
200 g de aceite de oliva
100 g de zumo
    de naranja
50 g de zumo de limón
1 cucharadita de eneldo
    fresco picado
1 cucharadita de jengibre
    fresco rallado

Para el gazpacho amarillo:
2 pimientos amarillos
10 g de raíz de jengibre
70 g de hinojo fresco
¼ de manzana ácida
¼ de pepino
1 cebolla tierna
200 g de agua mineral
3 cucharadas de aceite
    de oliva virgen
Sal, 4 g de xantana

Para la red de pescador:
125 g de agua
37,5 g de glucosa
    en polvo
25 g de azúcar
2,5 de goma gellan
½ bolsita de tinta
    de calamar
1 hoja de silicona

ELABORACIÓN

Para las sardinas marinadas:
1. Escatamos, fileteamos conservando la cola y limpiamos las sardinas con agua. Reservamos en la nevera.

2. Preparamos la marinada mezclando todos los ingredientes y reservamos en la nevera hasta el momento de servir.

Para el gazpacho amarillo:
3. Lavamos con agua fría todas las verduras. A continuación, pelamos el pepino y la cebolla. Vaciamos los pimientos amarillos y trituramos todo junto con el hinojo, la manzana, el jengibre pelado, la sal y los 200 g de agua mineral en la Thermomix. Incorporamos el aceite y colamos.

4. Añadimos poco a poco la xantana hasta obtener una textura semilíquida. Reservamos en la nevera.

Para la red de pescador:
5. Mezclamos y diluimos en el agua la goma gellan, la glucosa y el azúcar. Incorporamos la tinta de calamar y llevamos a ebullición. Vertemos la mezcla en un cuenco, templamos y reservamos en la nevera hasta que gelifique.

6. Pasamos por la batidora eléctrica, introducimos en una manga pastelera y escudillamos en forma de red sobre la hoja de silicona.

7. Horneamos durante 6 minutos a 180 °C. Retiramos del horno, damos la forma deseada y dejamos secar.

Para el montaje del plato:
8. Sacamos la marinada de la nevera y marinamos las sardinas durante 3 minutos.

9. Disponemos unas cuantas cucharadas de gazpacho amarillo en el fondo del plato, las sardinas escurridas y enrolladas sobre sí mismas por encima, y finalmente decoramos con la red de pescador.

Más ideas

Para preparar el caviar de una forma más sencilla y rápida, existe en el mercado un dispensador de caviar esférico desmontable que recibe el nombre de «Caviar-Box».

TESORO DEL MAR

Tiempo: 40 minutos • Dificultad: fácil • Para: 9 bocaditos

INGREDIENTES

Para el aire de agua de mar:

300 g de agua mineral
6 g de sal
3 g de sucro (emulsionante derivado de la sacarosa)

Para la gelatina de agua de mar, citronella y moluscos:

2 palos de citronella cortados en rodajas pequeñas
1 cucharada de zumo de limón
50 g de agua de mar (disponible en tiendas de dietética y algunos supermercados)
200 g de agua mineral
11,25 g de gelatina vegetal
9 almejas
18 berberechos
18 percebes pequeños
9 mejillones de roca pequeños
9 langostinos frescos
9 navajas
50 g de agua de cocción de los moluscos

ELABORACIÓN

Para la gelatina:

1. Cocemos las almejas, los berbere-chos y los mejillones en los dos tipos de agua (mineral y de mar). Sacamos del fuego cuando empiecen a abrirse.

2. Retiramos las valvas de los moluscos, colamos y reservamos el agua de coc-ción con la ayuda de un colador fino.

3. Pelamos y cortamos los langostinos en rodajas pequeñas. Retiramos las tripas de las navajas y las cortamos en 3 partes iguales. Sacamos los percebes de sus fundas.

4. Repartimos los moluscos pelados y colocados verticalmente en las 9 cavi-dades de un molde de silicona especial para repostería con forma de pequeño plum cake.

5. Infusionamos la citronella cortada en el agua de cocción de los moluscos durante 5 minutos a fuego suave.

6. Añadimos el zumo de limón, colamos y reservamos 225 g de dicha agua.

7. Agregamos la gelatina vegetal, ca-lentamos hasta alcanzar el punto de ebullición y vertemos la mezcla en las cavidades del molde de silicona, su-mergiendo parcialmente los moluscos. Dejamos gelificar y enfriamos en la nevera durante 1 hora.

Para el aire de agua de mar:

8. Antes de servir el plato, mezclamos en un bol el agua, la sal y el sucro. Emulsionamos con la batidora eléctrica hasta conseguir una textura vaporosa y dejamos estabilizar durante 1 minuto antes de utilizar.

Para el montaje del plato:

9. Desmoldamos con cuidado la gela-tina de molusco, servimos en un plato y, con la ayuda de una cuchara, colo-camos alrededor un poco de aire de agua de mar.

Más ideas

Podemos sustituir los 50 g de agua de mar por 50 g de agua mineral con 2 g de sal. Para elaborar la gelatina de moluscos servirá cualquier molde con varias cavidades pequeñas, redondas o cuadradas.

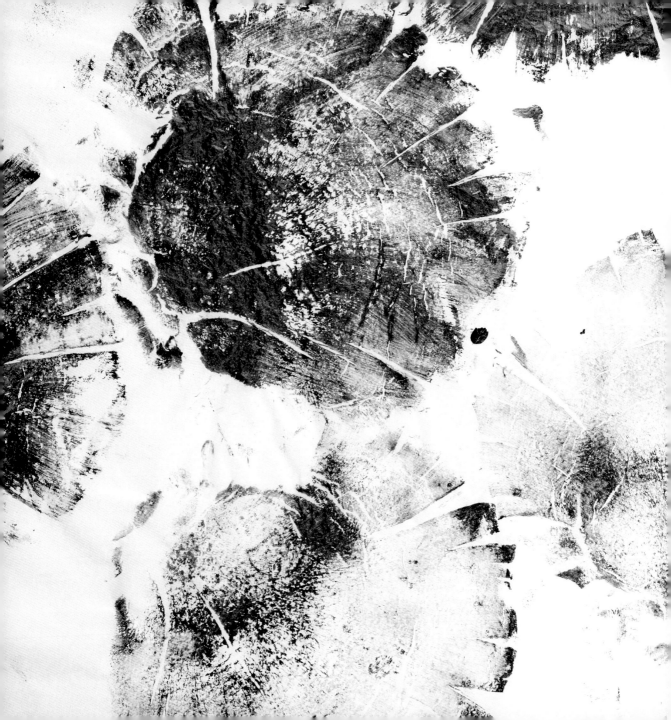

ENTRANTES CALIENTES

CREMA DE GUISANTES, HUEVO ESCALFADO Y CIGARRILLO DE PANCETA Y SÉSAMO

Tiempo: 45 minutos • Dificultad: media • Para: 4 personas

INGREDIENTES

**Para la crema
de guisantes:**

**300 g de guisantes
frescos pelados**
500 g de agua
60 g de mantequilla
2 cebollas tiernas
1 manojo de ajos tiernos
Sal
1 rama de menta fresca

Para el huevo escalfado:

4 huevos ecológicos
2 cucharadas de aceite
Sal

**Para el cigarrillo de
panceta y sésamo:**

2 hojas de pasta *brick*
15 g de mantequilla
**4 lonchas muy finas
de panceta**
25 g de sésamo tostado

ELABORACIÓN

Para la crema de guisantes:

1. Rehogamos a fuego lento las cebollas y los ajos tiernos cortados finos con la mantequilla. Añadimos los guisantes, la sal y la menta picada. Cubrimos con el agua, tapamos y dejamos cocer durante 10 minutos a fuego lento.

2. Pasamos por la batidora eléctrica y colamos. Introducimos la crema en un sifón de ½ l e introducimos una cápsula de N2O.

3. Mantenemos el sifón al baño maría y a una temperatura máxima de 65 °C hasta el momento de servir.

Para el cigarrillo de panceta y sésamo:

4. Cortamos las hojas de pasta *brick* por la mitad, pintamos las cuatro porciones resultantes con la mantequilla fundida y colocamos una loncha fina de panceta encima de cada una.

5. Enrollamos las láminas como si fueran un cigarrillo, pintamos la superficie con mantequilla y rebozamos con el sésamo tostado.

6. Horneamos durante 6 minutos a 180 °C.

Para el huevo escalfado:

7. Cubrimos la superficie de un bol con un trozo de papel film transparente.

8. Con la ayuda de un pincel, engrasamos con aceite el papel film, vertemos el huevo, sazonamos, juntamos y atamos las puntas del film para conseguir una forma de saquito.

9. Cocemos el huevo en agua hirviendo durante unos 4 o 5 minutos. Sacamos del agua y retiramos con cuidado el papel film.

10. Repetimos los pasos 7, 8 y 9 con el resto de huevos.

Para el montaje del plato:

11. Servimos la crema de guisantes caliente con el huevo escalfado previamente cocido en su punto y el cigarrillo de pasta *brick*.

Más ideas

En verano, podemos servir la crema de guisantes fría acompañada de 1 cucharada de queso mascarpone.

CUAJADA DE SOJA AHUMADA CON CAFÉ, TRIGO SARRACENO Y HORTALIZAS

Tiempo: 1 hora + 50 minutos de gelificación + 4 horas de deshidratación ● Dificultad: fácil ● Para: 4 personas

INGREDIENTES

½ cebolla dulce
½ calabacín
½ berenjena
½ pimiento verde
½ pimiento amarillo
½ pimiento rojo
Aceite de oliva
Sal de hierbas
 (ver «*Elaboración propia*» en Glosario)

Para el trigo sarraceno:
100 g de trigo sarraceno
Agua
Aceite de girasol

Para la cuajada de soja:
1 cebolla dulce
500 g de leche de soja ecológica
1 cucharadita de café soluble
8 g de agar-agar
Aceite de oliva
Sal

ELABORACIÓN

Para el trigo sarraceno:
1. Hervimos el trigo sarraceno en agua con sal durante unos 20 minutos, escurrimos, secamos en la deshidratadora durante 7 horas a 37 °C y freímos en aceite de girasol a 180 °C.

Para la cuajada de soja:
2. En un cazo mediano, rehogamos la cebolla dulce cortada en pequeños dados con un poco de aceite.

3. En un bol aparte, mezclamos la leche fría con el agar-agar, la sal y el café soluble. Vertemos sobre la cebolla rehogada, pasamos por la batidora eléctrica y calentamos hasta que alcance el punto de ebullición.

4. Vertemos la cuajada en una bandeja pequeña de 2 cm de altura, dejamos que se enfríe un poco y reservamos en la nevera hasta que gelifique.

Para las hortalizas:
5. Cortamos todas las hortalizas en dados muy pequeños y las salteamos por separado con un poco de aceite de oliva hasta que adopten una textura ligeramente crujiente.

6. Mezclamos las hortalizas salteadas, sazonamos con la sal de hierbas y reservamos.

Para el montaje del plato:
7. Cortamos la cuajada de leche de soja en cuatro partes iguales con la ayuda de un cortapastas circular de 6 cm de diámetro. Calentamos en el horno a 60 °C durante unos 3 minutos.

8. Emplatamos la cuajada de soja con las hortalizas y el trigo sarraceno.

9. Opcionalmente, antes de servir podemos cubrir el plato con un bol de cristal y ahumar con una pipa de humo eléctrica cargada de serrín de madera de haya y esencia de romero para dar un sabor más rústico al plato.

Más ideas

Si no tenemos deshidratadora para secar el trigo sarraceno, podemos extenderlo sobre un papel de horno e introducirlo en el horno a temperatura baja durante 3 horas, aproximadamente.

FLOR DE CALABACÍN EN TEMPURA RELLENA DE BRANDADA DE BACALAO

Tiempo: 20 minutos + 20 minutos de gelificación • Dificultad: media • Para: 4 personas

INGREDIENTES

12 flores de calabacín
**1 l de aceite de girasol
para freír las flores
en tempura**
Sal Maldon

Para la brandada
de bacalao:
**1 kg de bacalao
desmigado y desalado**
400 g de leche
400 g de nata
2 dientes de ajo
Aceite de oliva suave
Pimienta
Sal
10 g de agar-agar

Para la tempura:
**250 g de harina
de tempura**
Agua helada
Sal

Para la mermelada
de tomate:
**500 g de tomates
maduros**
400 g de azúcar
150 g de agua

ELABORACIÓN

Para la brandada de bacalao:
1. Tostamos los ajos pelados en una sartén con un poco de aceite de oliva.

2. Introducimos en una olla el bacalao, la nata y la leche, añadimos los ajos tostados y cocemos a fuego muy lento durante 10 minutos. Salpimentamos.

3. Escurrimos y trituramos el bacalao con la batidora eléctrica incorporando poco a poco el líquido de la cocción y el agar-agar.

4. Calentamos nuevamente la brandada hasta que alcance el punto de ebullición. Introducimos en una manga pastelera y dejamos gelificar.

Para la tempura:
5. En un bol, mezclamos la harina de tempura y la sal. Seguidamente, vertemos el agua helada hasta obtener una masa semilíquida y reservamos en la nevera.

Para la mermelada de tomate:
6. Lavamos y cortamos los tomates en trozos.

7. En una olla, introducimos los tomates con el azúcar y el agua. Cocemos a fuego muy lento durante 1 hora.

8. Trituramos, colamos, dejamos enfriar e introducimos la mermelada en un biberón de plástico.

Para el montaje del plato:
9. Tras retirar los pedúnculos interiores, limpiamos delicadamente con agua las flores de calabacín e introducimos la brandada en su interior.

10. Sumergimos las flores rellenas en la tempura y freímos en abundante aceite a una temperatura de 180 °C. Secamos sobre un papel absorbente.

11. Servimos las flores crujientes acompañadas de una cucharada de mermelada de tomate y una pizca de sal Maldon.

Más ideas

Una vez recolectada, la flor de calabacín se cierra enseguida. Así que conviene utilizarla lo antes posible para conservar su belleza y calidad. En su defecto, también podemos usar flor de calabaza.

CREMA DE CHAMPIÑONES, AVELLANAS, LANGOSTINO Y PAN CRUJIENTE

Tiempo: 25 minutos • Dificultad: fácil • Para: 4 personas

INGREDIENTES

2 avellanas
4 langostinos frescos pelados

Para las islas flotantes:
3 claras de huevo
1 cucharadita de boletus deshidratados en polvo (u otra seta)
Una pizca de sal

Para la cocción de las islas flotantes:
1 cucharada de aceite de trufa negra
500 g de agua, sal

Para la crema de champiñones:
200 g de champiñones
30 g de panceta ahumada
½ cebolla dulce
500 g de caldo vegetal (ver «Elaboración propia» en Glosario)
Sal
Pimienta recién molida
2 cucharadas de aceite de oliva suave

Para el pan crujiente:
2 rebanadas de pan rústico
1 cucharada de aceite de calabaza o de avellanas

ELABORACIÓN

Para la crema de champiñón:

1. Picamos la cebolla y la panceta ahumada en dados medianos. Cortamos los champiñones en cuartos.

2. En una sartén con el aceite de oliva suave, rehogamos la cebolla y la panceta hasta dorarlas bien, añadimos los champiñones y mantenemos en el fuego durante unos minutos más. Salpimentamos y mojamos con el caldo vegetal.

3. Cocemos durante 10 minutos y pasamos por la batidora eléctrica.

Para el pan crujiente:

4. Retiramos los bordes del pan y tostamos en el horno a 180 °C. Troceamos y volvemos a hornear a 160 °C durante unos minutos más y hasta que esté completamente seco.

5. Rociamos el pan con el aceite de calabaza o avellanas y pasamos ligeramente por el robot o la Thermomix para obtener una textura terrosa.

Para las islas flotantes y su cocción:

6. En un cazo, calentamos y llevamos a ebullición el agua, el aceite de trufa negra y la sal.

7. Mientras, con la ayuda de la batidora eléctrica montamos las claras de huevo con la pizca de sal hasta alcanzar el punto de nieve y conseguir un merengue firme.

8. Con cuidado, incorporamos los boletus deshidratados en polvo al merengue.

9. Reducimos la intensidad del fuego, formamos 4 *quenelles* con la ayuda de dos cucharas soperas y cocemos el merengue sobre el agua con aceite de trufa durante 1 minuto, dándole la vuelta con cuidado para obtener las islas flotantes. Retiramos y escurrimos sobre un papel absorbente.

Para el montaje del plato:

10. En una sartén con aceite caliente, marcamos ligeramente los langostinos por cada lado. Servimos la crema de champiñones caliente en un plato hondo con una *quenelle* de isla flotante, previamente rebozada con pan crujiente, un poco de avellana rallada por encima y, por último, colocamos un langostino en posición vertical.

ÑOQUIS DE CALABAZA CON TROMPETAS DE LA MUERTE Y EMULSIÓN DE AVELLANAS

Tiempo: 50 minutos + 12 horas de reposo • Dificultad: media • Para: 4 personas (unos 40 ñoquis, aprox.)

INGREDIENTES

100 g de trompetas
de la muerte frescas
4 cucharadas de queso
parmesano en polvo
50 g de mantequilla
Sal, pimienta molida

ELABORACIÓN

Para la crema de avellanas y boletus:
1. En un cazo, rehogamos la cebolla a fuego lento, agregamos los boletus previamente remojados en el caldo vegetal, el ajo, la rama de tomillo y las avellanas.

2. Incorporamos el caldo, rectificamos de sal y pimienta, dejamos reducir hasta la mitad, añadimos la leche, dejamos cocer unos minutos y ligamos con la harina de maíz.

3. Pasamos por la batidora eléctrica y por un colador chino. Reservamos.

Para el crujiente de parmesano:
4. Con la ayuda de una cuchara, extendemos el parmesano rallado en forma circular y horneamos durante unos 3 minutos a 180 °C. Retiramos del horno, damos la forma deseada y dejamos secar.

Para el baño:
5. Pasamos por la batidora eléctrica el agua mineral con el alginato. Dejamos reposar en la nevera durante 12 horas.

INGREDIENTES

Para la crema de avellanas y boletus:

½ cebolla dulce
20 g de boletus secos
50 g de avellanas
   peladas tostadas
500 g de caldo vegetal
100 g de leche
1 diente de ajo sin pelar
1 rama de tomillo
1 cucharadita de harina
   de maíz diluida con
   un poco de agua fría
Sal, pimienta

**Para los ñoquis
   de calabaza
   (esferificación):**

250 g de calabaza con piel
100 g de agua mineral
½ cucharada de aceite
   de oliva virgen
Sal, pimienta
2,5 g de gluconolactato
500 g de aceite de oliva
   virgen perfumado con
   1 hoja de romero

Para el baño:

500 g de agua mineral
2,5 g de alginato

ELABORACIÓN

**Para los ñoquis de calabaza
(esferificación):**

6. Envolvemos los 250 g de calabaza en papel de aluminio e introducimos en el horno durante unos 40 minutos a 180 °C. Una vez cocida, quitamos la piel y tomamos 150 g de pulpa.

7. Pasamos la pulpa de calabaza por la batidora eléctrica con el agua mineral, el aceite, el gluconolactato, la sal y la pimienta molida. Reservamos en la nevera durante 12 horas.

8. Una vez transcurrido este tiempo, preparamos una cubeta plana con la mezcla de agua y alginato, y otra cubeta con agua sola.

9. Sumergimos una cuchara dosificadora mediana para esferificaciones llena de crema de calabaza en el baño de agua y alginato durante 1 minuto.

10. Sacamos el ñoqui con la ayuda de una cuchara coladora para esferificaciones y lo sumergimos en el baño de agua mineral.

11. Repetimos los pasos 9 y 10 hasta terminar la crema de calabaza.

12. Conservamos los ñoquis en aceite de oliva con romero.

Para el montaje del plato:

13. Limpiamos las trompetas de la muerte con un trapo. En una sartén, calentamos la mantequilla ligeramente salpimentada y salteamos las setas.

14. Calentamos los ñoquis de calabaza en agua caliente (65 °C), los repartimos en 4 boles, esparcimos las trompetas de la muerte y vertemos por encima la crema de avellanas y boletus caliente, previamente emulsionada con la batidora eléctrica.

15. Acompañamos el plato con las galletas de parmesano.

Más ideas

Para elaborar el crujiente, podemos sustituir el parmesano por queso Idiazábal o manchego semiseco.

INGREDIENTES

150 g de colmenillas
30 g de mantequilla
Sal, pimienta

Para los ñoquis
de praliné y kuzu:
250 g de caldo vegetal
(ver «Elaboración
propia» en Glosario)
38 g de kuzu
14 g de almendras
en polvo
30 g de praliné, sal

Para la duxelle
de champiñones:
200 g de champiñones
½ cebolla
2 cucharaditas de
mostaza en grano
1 diente de ajo sin pelar
1 hoja de tomillo fresco
1 hoja de romero fresco
Aceite de oliva suave
Sal, pimienta

Para la emulsión
de parmesano:
300 g de nata de
35% M.G., 60 g de
parmesano rallado, sal

ÑOQUIS DE *KUZU* Y PRALINÉ CON COLMENILLAS Y PARMESANO

Tiempo: 45 minutos • Dificultad: fácil • Para: 4 personas

ELABORACIÓN

Para los ñoquis de *kuzu* y praliné:
1. Disolvemos en frío el *kuzu* con el resto de los ingredientes y cocemos sin parar de remover durante 15 minutos hasta conseguir una textura cremosa.

2. Introducimos la crema en una manga pastelera y templamos unos minutos.

3. Preparamos un bol con agua y hielo. Con unas tijeras y presionando la manga, cortamos secciones de crema de *kuzu* y praliné dejando caer los ñoquis sobre el agua helada para que gelifiquen. Escurrimos y reservamos en aceite.

Para la *duxelle* de champiñones:
4. Picamos los champiñones y la cebolla. En una sartén con un poco de aceite, rehogamos la cebolla, añadimos los champiñones, la mostaza, el ajo, las hierbas, la sal y la pimienta. Cocemos a fuego lento 10 minutos.

Para la emulsión de parmesano:
5. En un cazo, reducimos hasta la mitad la nata con el parmesano y la sal. Emulsionamos con la batidora eléctrica.

Para el montaje del plato:
6. En una sartén con los 30 g de mantequilla, sal y pimienta, salteamos las colmenillas cortadas en rodajas.

7. Calentamos por separado la *duxelle* de champiñones, los ñoquis (en agua caliente) y la emulsión de parmesano.

8. Servimos primero la *duxelle*, los ñoquis, las colmenillas y la emulsión.

PANNA COTTA DE ESPINACAS CON VERDURITAS Y ACEITE DE AVELLANAS

Tiempo: 30 minutos + 15 minutos de gelificación • Dificultad: fácil • Para: 4 personas

INGREDIENTES

2 cucharadas de quínoa inflada
(ver «Elaboración propia» en Glosario)
1 rama de perejil
Sal Maldon

Para las verduras:
60 g de guisantes
½ calabacín
1 alcachofa
8 brotes pequeños de brócoli
4 espárragos verdes cortados por la mitad
12 brotes de espinacas

ELABORACIÓN

Para el aceite de avellanas:
1. Templamos el aceite en el microondas, incorporamos las avellanas y trituramos ligeramente con la batidora eléctrica.

Para la *panna cotta*:
2. En una olla mediana, sofreímos la cebolla picada con la mantequilla hasta que esté confitada, añadimos las espinacas previamente troceadas, rehogamos 1 minuto y vertemos la leche con la nata.

3. Dejamos cocer durante 3 minutos más, salpimentamos, pasamos por la batidora eléctrica y por un colador.

4. Añadimos la gelatina vegetal, mezclamos y llevamos a ebullición.

5. Vertemos la *panna cotta* en una bandeja plana de aluminio de 0,5 l (12 × 17cm), dejamos enfriar e introducimos en la nevera hasta que cuaje.

6. Cortamos los bordes de la *panna cotta* para igualarla y la dividimos en 4 rectángulos alargados.

INGREDIENTES

Para la *panna cotta*:
200 g de nata
200 g de leche
½ cebolla dulce
1 manojo de espinacas frescas lavadas
40 g de mantequilla vegetal
Sal
Pimienta
20 g de gelatina vegetal

Para el aceite de avellanas:
100 g de aceite de oliva suave
50 g de avellanas tostadas sin piel

ELABORACIÓN

Para las verduras:

7. Cortamos el calabacín en láminas finas con la ayuda de un pelador o mandolina.

8. Con un cuchillo pequeño, pelamos, vaciamos y torneamos la alcachofa para conservar el corazón. Conviene mantenerla en agua y perejil antes de cocerla para evitar que se oxide.

9. Hervimos por separado el calabacín, los guisantes, los brotes de brócoli, la alcachofa y los espárragos verdes. Enfriamos con agua y hielo. Reservamos.

Para el montaje del plato:

10. Calentamos ligeramente la *panna cotta* en el horno a 70 °C como máximo durante unos minutos.

11. Disponemos la *panna cotta* en el centro del plato y aleatoriamente las verduras calientes y los brotes de espinacas crudos.

12. Aliñamos con el aceite de avellanas y un poco de sal Maldon.

13. Finalmente, esparcimos la quínoa inflada sobre la *panna cotta* y las verduras.

Más ideas

Podemos servir la *panna cotta* fría o caliente (hasta un máximo de 70 °C) como aperitivo o como guarnición para un pescado acompañado de salsa blanca.

Tanto la quínoa inflada como el aceite de avellanas pueden adquirirse en tiendas de dietética.

SALTEADO DE ALCACHOFAS, GUISANTES, AJOS TIERNOS Y BUTIFARRA NEGRA

Tiempo: 1 hora y 30 minutos + 20 minutos gelificación • **Dificultad:** media • **Para:** 4 personas

INGREDIENTES

4 huevos de codorniz
Sal, vinagre

*Para la crema
de alcachofas:*

1 kg de alcachofas
50 g de cebolla tierna
200 g de patatas
800 g de agua
**100 g de nata
de 35% M.G.**
**4 cucharadas de aceite
de oliva suave**
Sal, pimienta

ELABORACIÓN

Para el caldo de jamón:
1. En una olla, introducimos el agua y los taquitos de jamón. Cocemos a fuego lento durante 10 minutos, apagamos y dejamos infusionar 5 minutos más. Rectificamos de sal y colamos.

2. Separamos 200 g del caldo y añadimos la gelatina vegetal. Reservamos.

Para la crema de alcachofas:
3. Cortamos el pedúnculo, retiramos las hojas externas y las de la parte superior de todas las alcachofas (las de la crema y las del salteado) hasta que solamente nos quede el corazón.

4. Retiramos con una cucharita los filamentos de la parte interior y cortamos las alcachofas en cuartos.

5. Reservamos las alcachofas en un recipiente alto con agua y zumo de limón (o un poco de ácido ascórbico).

6. En una cazuela con el aceite de oliva, rehogamos la cebolla tierna, las patatas troceadas y las alcachofas correspondientes durante unos minutos.

INGREDIENTES

Para el salteado de alcachofas y guisantes:

2 alcachofas
40 g de guisantes frescos pelados
30 g de butifarra negra sin piel, cortada en daditos muy pequeños
4 ajos tiernos cortados muy finos
50 g de cebolla tierna picada fina
5 hojas de menta
20 g de aceite de oliva
Sal

Para el caldo de jamón:
300 g de agua
50 g de jamón ibérico cortado en taquitos
10 g de gelatina vegetal en polvo, sal

ELABORACIÓN

Añadimos el agua, salpimentamos, dejamos cocer durante unos 20 minutos a fuego suave, pasamos por la batidora eléctrica y, finalmente, por un colador fino.

7. Añadimos la nata y rectificamos de sal.

Para el salteado de alcachofas y guisantes:

8. Escaldamos los guisantes en agua hirviendo con sal durante 2 minutos y enseguida enfriamos con agua y hielo.

9. En la misma agua de los guisantes, cocemos las alcachofas durante 6 minutos y seguidamente las enfriamos en agua y hielo.

10. En una sartén con el aceite de oliva, salteamos la cebolla, los ajos tiernos, la butifarra negra, los guisantes y las alcachofas cortadas en daditos muy pequeños. Es importante que las verduras queden crujientes. Rectificamos de sal y perfumamos con las hojas de menta picadas.

11. Introducimos el salteado en las 4 cavidades de un molde de silicona rectangular de 7 cm.

12. En una olla, llevamos a ebullición el caldo de jamón con la gelatina vegetal.

13. Vertemos el caldo en el salteado y dejamos gelificar en la nevera durante unos 20 minutos.

Para la cocción de los huevos de codorniz:

14. Cocemos los huevos en agua hirviendo con sal y vinagre durante 1 minuto y 20 segundos. Retiramos del agua y enfriamos en agua y hielo. Una vez fríos, los pelamos con cuidado. Reservamos.

Para el montaje del plato:

15. Desmoldamos con cuidado el salteado e introducimos en el horno a una temperatura inferior a los 80 °C durante 2 minutos.

16. Servimos en un plato hondo con un huevo de codorniz y la crema de alcachofas.

Más ideas

Podemos sustituir las alcachofas por unas habitas *baby* de temporada. Para obtener una crema más ligera y espumosa, basta introducir la crema en un sifón y mantenerla caliente en un baño maría a 60 °C hasta el momento de servir.

SOPA DE CEBOLLA Y PAN DE *KUZU* AL PARMESANO

Tiempo: 45 minutos + 2 horas de reposo en sifón • **Dificultad:** media • **Para:** 4 personas

INGREDIENTES

- 12 cebollas dulces pequeñas
- 1 l de caldo de pollo (ver «Elaboración propia» en Glosario)
- 100 g de lascas de parmesano
- Pimienta negra
- 8 ramitas de tomillo fresco

Para la esponja seca de kuzu:

- 160 g de *kuzu*
- 300 g de leche aromatizada con 10 g de parmesano rallado
- 5 g de sal
- 2 g de azúcar
- 80 g de claras de huevo

ELABORACIÓN

Para la esponja seca de *kuzu*:

1. Disolvemos el *kuzu* en la leche aromatizada fría, añadimos el azúcar, la sal y las claras de huevo, batimos y colamos.

2. Introducimos la mezcla en un sifón de ½ l, lo cerramos y dejamos reposar durante un mínimo de 2 horas en la nevera. Introducimos 2 cápsulas de N2O y agitamos.

3. Con la punta de un cuchillo pequeño, hacemos unos cortes en la base de un vaso de papel. De esta forma, evitaremos que se pegue la esponja y conseguiremos una cocción al vapor más eficaz.

4. Rellenamos la mitad del vaso con la mezcla del sifón y calentamos en el microondas a media potencia durante unos 6 minutos hasta conseguir una esponja crujiente y seca.

5. Desmoldamos con cuidado y rompemos en trozos.

Para la cebolla:

6. Envolvemos las cebollas sin pelar en papel de aluminio y escalivamos en el horno a 180 °C durante 40 minutos.

7. Una vez terminada la cocción, pelamos y cortamos las cebollas por la mitad. Reservamos.

Para el montaje del plato:

8. En un plato hondo, servimos la cebolla escalivada, unas lascas de parmesano, el pan de *kuzu*, un poco de pimienta negra, las ramitas de tomillo fresco y, por último, el caldo de pollo.

Más ideas

Podemos servir la sopa con una yema cruda o confitada a baja temperatura, sumergiéndola en aceite de oliva suave a 40 °C durante 45 minutos y controlando la temperatura con la ayuda de un termómetro digital de cocina.

CARNES

HAMBURGUESA DE BOLETUS, *FOIE* Y BONIATO

Tiempo: 1 hora y 30 minutos + 2 horas y 30 minutos de deshidratación • Dificultad: media •
Para: 6 personas

INGREDIENTES

6 hojas pequeñas
  de lechuga verde
2 boniatos
200 g de aceite
  de girasol

Para las hamburguesas:
360 g de solomillo
  de ternera (picado
  un par de veces)
1 cebolla dulce
15 g de boletus
  secos, previamente
  remojados
1 cucharadita de tomillo
  fresco picado
Aceite de girasol
Sal, pimienta

ELABORACIÓN

1. Envolvemos los boniatos sin pelar en papel de aluminio y horneamos durante unos 40 minutos. Pasado este tiempo, pelamos y rascamos su interior, y reservamos la pulpa confitada.

Para el pan de boniato y sésamo:
2. Pelamos el boniato y las patatas, cortamos en trozos medianos y ponemos a hervir en abundante agua con sal durante 25 minutos.

3. Una vez transcurrido este tiempo, escurrimos y pasamos por la batidora hasta conseguir una crema fina.

4. Extendemos una capa fina de esta crema sobre una hoja de silicona, esparcimos los dos tipos de sésamo y horneamos durante 30 minutos a 80 °C.

5. Retiramos la hoja de silicona y, con la ayuda de un aro para emplatar de acero inoxidable (7 cm de diámetro), marcamos 12 panes. Volvemos a hornear durante 2 horas hasta finalizar la deshidratación.

6. Reservamos los panes crujientes en un recipiente hermético.

Para las hamburguesas:
7. En un cazo con un poco de aceite de girasol, confitamos la cebolla, previamente cortada en dados pequeños,

INGREDIENTES

Para el pan de bonlato y sésamo:

200 g de boniato
300 g de patatas
Sal, agua
1 cucharadita de sésamo tostado
1 cucharadita de sésamo negro

Para el velo de gelatina de *foie***:**

40 g de *foie* **crudo de pato, 80 g de caldo de pollo** *(ver «Elaboración propia» en Glosario)*
6 g de gelatina vegetal
Sal, pimienta

Para la mayonesa:

2 huevos
2 cucharadas de aceite de trufa negra
½ cucharada de mostaza antigua
4 cucharadas de nata líquida de 35% M.G.
Agua, sal

añadimos los boletus y dejamos enfriar. Mezclamos con la carne picada, salpimentamos y perfumamos con el tomillo.

8. Formamos 6 pequeñas hamburguesas de 60 g cada una y reservamos.

Para el velo de gelatina de *foie***:**
9. Cortamos el *foie* crudo en trozos medianos, calentamos el caldo, salpimentamos y pasamos por la batidora eléctrica hasta conseguir una crema bastante líquida.

10. Añadimos la gelatina vegetal y calentamos hasta alcanzar el punto de ebullición.

11. Extendemos la crema sobre una bandeja plana (17 × 25 cm) y dejamos gelificar.

12. Cortamos la gelatina en cuadrados de 7 x 7 cm y reservamos.

Para la mayonesa:
13. En una olla, calentamos un poco de agua para el baño maría.

14. En un bol, batimos los huevos y una pizca de sal con la ayuda de unas varillas hasta conseguir una textura cremosa.

15. Introducimos el bol en el baño maría y removemos los huevos sin parar con una espátula de madera hasta formar una crema.

16. Incorporamos la nata y el aceite de trufa, mezclamos, retiramos el bol del baño maría y dejamos templar la preparación.

17. Pasamos la mayonesa por la batidora eléctrica e incorporamos la mostaza antigua. Introducimos en un biberón de cocina y reservamos en la nevera.

Para el montaje del plato:
18. En una sartén con bastante aceite de girasol, freímos los 12 panes de boniato y sésamo a una temperatura máxima de 160 °C. Escurrimos sobre un papel absorbente.

19. En una sartén o parrilla, marcamos las hamburguesas por ambos lados (deben quedar poco hechas).

20. Con la ayuda del aro de emplatar, colocamos un pan de boniato y sésamo como base, encima 1 cucharada de pulpa de boniato confitado, la hamburguesa, 2 cucharadas de mayonesa, 1 lámina de *foie*, 1 hoja de lechuga y, finalmente, cubrimos con otro pan.

Más ideas
Para abaratar la receta, podemos utilizar carne de culata en lugar de solomillo, o preparar una mezcla a base de carne picada de ternera, cerdo y pollo.

BUTIFARRA *ESPARRACADA* CON ÑOQUIS DE ALUBIA, MANZANA Y ALIOLI DE MOSTAZA

Tiempo: 45 minutos + 12 horas de gelificación • **Dificultad:** fácil • **Para:** 4 personas

INGREDIENTES

4 butifarras de 100 g cada una
1 cucharada de aceite de oliva, sal
4 cucharaditas de caviar de aceite de avellanas (caviaroli)
1 rama de romero fresco

Para la manzana al horno:

2 manzanas Golden
4 cucharadas de azúcar moreno
La piel de 1 naranja
1 cucharadita de canela en polvo
20 g de mantequilla

Para los ñoquis de alubia:

250 g de alubias cocidas y su caldo
5 g de metilcelulosa, sal
500 g de caldo de pollo (ver «Elaboración propia» en Glosario)

Para el alioli:

1 huevo, 1 diente de ajo
1 pizca de sal
1 cucharadita de mostaza antigua
25 g de aceite de oliva virgen, 100 g de aceite de girasol

ELABORACIÓN

1. Cortamos longitudinalmente las butifarras, retiramos la piel y las aplastamos ligeramente. Reservamos.

Para el alioli:
2. En un bol alto, mezclamos el huevo, el diente de ajo, la mostaza y la sal. Con la ayuda de la batidora eléctrica, incorporamos poco a poco el aceite de girasol y el aceite de oliva hasta obtener la salsa. Introducimos en un biberón de plástico pequeño y reservamos.

Para la manzana al horno:
3. Descorazonamos y rellenamos las manzanas con el azúcar moreno, la piel de naranja, la canela en polvo y la mantequilla. Horneamos durante 40 minutos a 180 °C.

4. Retiramos la piel de la naranja y de las manzanas. Pasamos por la batidora eléctrica hasta conseguir una crema fina. Introducimos en un biberón pequeño de plástico.

Para los ñoquis de alubia:
5. Pasamos por la batidora eléctrica las alubias cocidas escurridas y con una parte de su agua, la metilcelulosa y una pizca de sal hasta obtener una crema fina. Introducimos en una manga pastelera de plástico y reservamos en el frigorífico durante 12 horas.

Para el montaje del plato:
6. En una olla, calentamos el caldo de pollo hasta que hierva.

7. Presionamos la manga pastelera y, con la ayuda de unas tijeras, cortamos pequeñas secciones de crema de alubias, dejando caer los ñoquis sobre el agua caliente para que gelifiquen. Escurrimos.

8. Marcamos en la parrilla caliente las butifarras, emplatamos y decoramos con un poco de alioli y crema de manzana. Añadimos unos ñoquis de alubia, clavamos unas hojas de romero y culminamos con 1 cucharadita de caviar de aceite de avellanas.

Más ideas

Esta receta está inspirada en el tradicional plato de butifarra con judías del *ganxet* y alioli, originario de Cataluña. La butifarra es un embutido fresco elaborado con carne picada de cerdo.

COCA DE AVELLANAS CON CONEJO Y VERDURAS CRUJIENTES

Tiempo: 1 hora + 6 horas de cocción a 70 °C • Dificultad: alta • Para: 6 personas

INGREDIENTES

Para el conejo:

2 conejos y medio con el lomito y la parte trasera
2 ramas de tomillo
2 ramas de romero
Sal, pimienta
2 cucharadas de aceite

Para el acabado final del plato:

Hojitas de tomillo, romero o salvia fresca
2 cucharadas de miel de romero o tomillo
60 g de corteza de cerdo cortada muy fina y deshidratada
200 g de aceite de girasol
Hojitas de salvia

ELABORACIÓN

1. La víspera, deshuesamos los conejos por la parte de la barriga, empezando por los lomitos y terminando por las patas traseras, dejando las piezas enteras.

2. Extendemos los conejos deshuesados bien planos y agregamos por encima el tomillo y el romero picado, la sal y la pimienta.

3. Enrollamos los conejos sobre sí mismos, los atamos con hilo de cocina y los envasamos al vacío en un par de bolsas retráctiles con la ayuda de una envasadora profesional o doméstica (una vez preparados, también podemos pedir en una carnicería de confianza que nos envasen al vacío los conejos)

con las dos cucharadas de aceite suave y las ramitas de romero y tomillo.

4. Cocemos los conejos envasados al vacío en el horno al baño maría o en un Roner (termostato profesional que permite crear una temperatura constante de entre 5 y 100 °C, para cocinar al baño maría) a 70 °C durante 6 horas, sea cual sea la técnica utilizada.

5. Una vez cocidos, enfriamos los conejos en agua y hielo, y reservamos en la nevera hasta el día siguiente.

INGREDIENTES

Para el jugo:
Los huesos
  de los conejos
1 cebolla
1 zanahoria
Tomillo
2 dientes de ajo sin pelar
2 cucharadas de aceite
  de oliva suave
Agua
1 cucharadita
  de mantequilla, sal
2 g de xantana

**Para las verduras
crujientes:**
50 g de cebolla dulce
50 g de calabacín
50 g de pimiento
  amarillo
50 g de pimiento verde
50 g de berenjena
50 g de pimiento rojo
4 hojas de salvia
3 cucharadas de aceite
  de oliva virgen
Sal, pimienta

**Para la coca de
avellanas:**
125 g de harina
100 g de mantequilla
  pomada
30 g de parmesano
  rallado
60 g de almendras
  en polvo
1 yema de huevo

ELABORACIÓN

Para el jugo:
6. En una sartén con aceite de oliva, freímos los huesos de los conejos, los ajos, el tomillo, la cebolla y la zanahoria picadas. Una vez rehogados todos los ingredientes, cubrimos con agua y dejamos reducir hasta la mitad.

7. Retiramos del fuego, colamos y dejamos reducir de nuevo. Volvemos a apagar el fuego y ligamos con la mantequilla y la xantana. Rectificamos de sal.

Para la coca de avellanas:
8. En un bol, mezclamos la mantequilla pomada con la harina, el parmesano, las almendras y, por último, la yema de huevo. Amasamos hasta conseguir una masa homogénea y dejamos reposar durante 20 minutos.

9. Con un rodillo, estiramos la masa dejando un grosor de medio centímetro y cortamos en 6 rectángulos de 10 × 5 cm. Horneamos durante 12 minutos a 180 ºC.

Para las verduras crujientes:
10. Cortamos las verduras en daditos pequeños y salteamos por separado en una sartén con el aceite de oliva virgen hasta que queden bien crujientes.

11. Mezclamos las verduras salteadas con las hojas de salvia previamente picadas, salpimentamos y reservamos.

Para el montaje del plato:
12. Freímos la corteza de cerdo deshidratada en aceite de girasol a 180 ºC, escurrimos sobre un papel absorbente y reservamos.

13. Cortamos los lomitos de conejo en medallones.

14. Pintamos cada coca con un poco de miel de romero o de tomillo, extendemos por encima las verduras salteadas y los medallones de conejo. Calentamos 2 minutos en el horno a 180 ºC y servimos las cocas con las cortezas deshidratadas de cerdo por encima y unas hojas frescas de tomillo, romero o salvia.

15. Introducimos todo el jugo de conejo en seis pipetas de plástico (de 4 g cada una) y dejamos que cada comensal salsee su propia coca.

Más ideas

Determinados hornos domésticos disponen de un programa de cocción a baja temperatura (100 ºC) que son ideales para cocinar al vacío. Como alternativa, podemos sumergir en agua el lomito de conejo, previamente envasado al vacío, y controlar la temperatura del horno convencional con un termómetro de cocina.

FOIE CON MIGAS DE PAN, UVAS Y PERLAS DE *RAS EL HANOUT*

Tiempo: 1 hora y 15 minutos • Dificultad: fácil • Para: 4 personas

INGREDIENTES

500 g de hígado crudo de pato en una sola pieza, 15 uvas blancas peladas, sal, pimienta

Para las migas de pan:
100 g de pan del día anterior
200 g de agua
1 diente de ajo con piel
1 loncha de jamón ibérico cortada en daditos pequeños
¼ de cebolla dulce cortada en daditos pequeños
20 g de uvas pasas
1 cucharadita de *Ras el Hanout* (mezcla de especias), sal
30 g de aceite de oliva

ELABORACIÓN

1. Cortamos el hígado crudo de pato en cuatro escalopes iguales. Reservamos en la nevera.

Para las migas de pan:
2. Troceamos el pan y lo remojamos en el agua durante 1 minuto.

3. En una sartén a fuego lento, calentamos el aceite de oliva, el ajo, la cebolla picada y los daditos de jamón.

4. Incorporamos el pan escurrido y el *Ras el Hanout*. Seguimos cociendo sin parar de remover y hasta que el pan se vaya rompiendo y secando.

5. Añadimos las uvas pasas y rectificamos de sal.

Para las perlas de *Ras el Hanout*:
6. Vertemos el aceite vegetal en un vaso alto y lo introducimos en el congelador controlando que baje hasta los 5 °C con la ayuda de un termómetro de cocina, aproximadamente unos 15 minutos.

INGREDIENTES

**Para las perlas
de *Ras el Hanout*:**

**300 g de caldo de pollo
(*ver «Elaboración
propia» en Glosario*)**

2 g de *Ras el Hanout*

4 g de agar-agar

300 g de aceite vegetal

**400 g de agua mineral
templada**

ELABORACIÓN

7. En una olla, calentamos el caldo de pollo, el *Ras el Hanout* y el agar-agar hasta que hiervan. Introducimos la mezcla en una jeringa, sacamos el aceite del congelador y vertemos gota a gota el caldo especiado en el baño de aceite vegetal frío. Mantenemos el caviar en el aceite durante 5 minutos y escurrimos.

8. Limpiamos las perlas en el baño de agua mineral templada.

Para el montaje del plato:

9. En una sartén antiadherente caliente y sin materia grasa, asamos los escalopes de *foie*, previamente salpimentados por ambos lados, hasta que estén bien dorados.

10. Escurrimos el *foie* asado sobre un papel absorbente para retirar el exceso de grasa. Ponemos los escalopes en una bandeja de horno y terminamos su cocción en el horno durante 3 minutos a 140 °C.

11. En cada plato, servimos unas cucharadas de migas de pan, colocamos en el centro los escalopes de *foie* caliente, las uvas peladas y, por último, las perlas de *Ras el Hanout* por encima del *foie*.

Más ideas

El *foie* es un producto delicado que, una vez abierto y cortado, conviene envasar al vacío o envolver en papel de aluminio y papel film para evitar su exposición a la luz e impedir su oxidación.

Para que se vaya desangrando, se recomienda remojar el hígado crudo en agua y hielo durante 1 hora, como mínimo. Finalmente, es preferible sacar los escalopes de la nevera unos 15 minutos antes de asarlos. De esta manera, conseguiremos una cocción perfecta.

MAGRET DE PATO CON FRUTOS ROJOS, COLIFLOR Y GELATINA DE VINO TINTO DULCE

Tiempo: *30 minutos + 3 horas de gelificación* ● **Dificultad:** *fácil* ● **Para:** *4 personas*

INGREDIENTES

2 *magrets* de pato
50 g de frambuesas
50 g de arándanos
50 g de grosellas
50 g de moras
Sal, pimienta
1 bandejita de brotes
    de rábano japonés

Para la crema
    de coliflor:
300 g de coliflor
Agua
Sal
2 cucharadas de aceite
    de oliva virgen

Para la reducción de
    vino tinto dulce:
200 g de vino tinto dulce
    (Dolç Mataró, D.O.
    Alella)
2,4 g de xantana

Para la gelatina de vino
    tinto dulce:
200 g de vino tinto dulce
    (Dolç Mataró, D.O.
    Alella)
2 hojas de gelatina,
    previamente remojadas
    en agua fría

ELABORACIÓN

Para la gelatina:

1. En una olla, calentamos una tercera parte del vino dulce, añadimos las hojas de gelatina, incorporamos el vino restante y vertemos la mezcla en un recipiente de 1 cm de altura. Dejamos cuajar en la nevera durante 3 horas. Una vez cuajada, cortamos la gelatina en dados de 1 × 1 cm.

Para la reducción:

2. Con una batidora eléctrica, espesamos el vino frío añadiendo poco a poco la xantana. Introducimos en un biberón pequeño de plástico y reservamos en la nevera.

Para la crema de coliflor:

3. En una olla, ponemos a hervir la coliflor con un poco de sal y agua.

4. Una vez cocida, escurrimos y pasamos por la batidora eléctrica hasta obtener una textura cremosa. Incorporamos el aceite de oliva.

Para el montaje del plato:

5. Retiramos y cortamos la piel de los *magrets* en daditos pequeños para elaborar los chicharrones. Salteamos en una sartén hasta que queden muy crujientes, escurrimos sobre papel absorbente, salamos y reservamos.

6. En una parrilla marcamos los *magrets*, previamente salpimentados, hasta que estén tostados. Introducimos en el horno y acabamos de cocer durante unos 4 minutos a 180 °C.

7. Cortamos los *magrets* en dos partes, retirando las extremidades.

8. En un plato plano, dibujamos varios círculos con la reducción de vino dulce, servimos unas cucharadas de crema de coliflor caliente y un taco de *magret* acompañado de los chicharrones elaborados en el paso 5. Repartimos unos dados de gelatina de vino dulce y los frutos rojos. Finalmente, decoramos con unos brotes de rábano japonés.

Más ideas

El vino Dolç Mataró Alta Alella es un vino tinto dulce ecológico catalán, elaborado con uvas de la variedad Mataró (nombre de la capital de la comarca). Como alternativa para la reducción y la gelatina, podemos utilizar cualquier otro vino tinto dulce de calidad.

MEDALLONES DE CORDERO CON ESPINACAS, CREMA DE PATATA Y BOMBÓN DE IDIAZÁBAL

Tiempo: 30 minutos + 12 horas de reposo • **Dificultad:** media • **Para:** 4 personas

INGREDIENTES

2 lomos de cordero
  deshuesados
2 manojos de brotes
  de espinacas
500 g de patatas
  (variedad Monalisa)
Agua, sal
Sal Maldon
Pimienta de Espelette
1 rama de romero
Aceite de oliva suave

Para los bombones
  de Idiazábal:

150 g de queso Idiazábal
  rallado
400 g de leche
5 g de gluconolactato
2 g de xantana
Sal

Para el baño:

½ l de agua mineral
2,5 g de alginato

Para la vinagreta
  de frutos secos:

20 g de pasas
  de Corinto
20 g de dátiles
20 g de orejones
20 g de piñones tostados
Aceite de oliva suave

ELABORACIÓN

Para el baño y los bombones:

1. Pasamos por la batidora eléctrica el agua mineral con el alginato y dejamos reposar en la nevera durante 12 horas.

2. Introducimos en la Thermomix el queso Idiazábal, la leche, el gluconolactato y la xantana durante 20 minutos a 60 °C, hasta conseguir una textura cremosa. Rectificamos de sal, colamos y dejamos reposar la crema durante 12 horas en la nevera para que desaparezca el aire incorporado durante el proceso y conseguir una densidad estable en la esferificación.

3. En una cubeta plana, introducimos la mezcla de agua mineral y alginato. Llenamos otra cubeta solamente con agua mineral.

4. Con la ayuda de una cuchara dosificadora mediana para esferificaciones, sumergimos varias esferas de crema de Idiazábal en el baño de agua-alginato durante 1 minuto. Retiramos las esferas con una cuchara coladora para esferificaciones y las sumergimos en el baño de agua mineral.

5. Reservamos los bombones en aceite de oliva y romero en la nevera.

Para la crema de patatas:

6. Pelamos, troceamos y cocemos las patatas en agua y sal. Escurrimos y trituramos con la batidora eléctrica hasta conseguir una crema fina. Rectificamos de sal.

Para la vinagreta:

7. Cortamos los dátiles y los orejones en daditos muy pequeños. Mezclamos con las pasas de Corinto y los piñones. Cubrimos todos los ingredientes con un baño de aceite de oliva suave.

Para el montaje del plato:

8. En una sartén con un poco de aceite, doramos los lomos de cordero, introducimos en el horno durante 4 minutos a 180 °C y cortamos en medallones.

9. Calentamos los bombones de Idiazábal en agua caliente a 65 °C.

10. En la base del plato, extendemos la crema de patata, unos brotes de espinacas por encima, los medallones de cordero y la vinagreta.

11. Colocamos con delicadeza algunos bombones de Idiazábal, salpimentamos con algunas escamas de sal Maldon y un poco de pimienta de Espelette.

PIES DE CERDO DESHUESADOS CON JAMÓN IBÉRICO, CARACOLES Y NÍSCALOS

Tiempo: 1 hora + 2,5 horas de cocción + 12 horas de reposo • Dificultad: media • Para: 4 personas

INGREDIENTES

4 lonchas de jamón
   ibérico
1 rama de romero fresco

Para la cocción
   de los pies de cerdo:
8 pies de cerdo partidos
   por la mitad
1 zanahoria
½ cebolla
1 hoja de laurel
1 cucharadita de
   pimienta negra
   (sin moler), sal, agua

Para el jugo de los pies:
200 g del agua de
   cocción de los pies
   de cerdo
1 cucharada de miel
1 rama de romero
2 g de xantana, sal

Para la espuma
   de níscalos:
150 g de níscalos
½ cebolla
1 diente de ajo sin piel
1 cucharadita de
   mostaza en grano
1 rama de tomillo
500 g de caldo de pollo
15 g de albúmina
1,5 g de xantana
Aceite de oliva suave
Sal, pimienta

ELABORACIÓN

Para la cocción de los pies de cerdo:
1. Pasamos los pies de cerdo por una llama de fuego para retirar el exceso de pelos.

2. En una olla alta con agua fría, introducimos los pies de cerdo, calentamos hasta alcanzar el punto de ebullición, escurrimos y limpiamos con agua del grifo.

3. Volvemos a introducir los pies de cerdo en la olla, cubrimos con agua ligeramente salada, incorporamos la zanahoria y la media cebolla previamente cortada con la hoja de laurel y la pimienta negra, y cocemos durante 2 horas y media.

4. Escurrimos los pies, colamos el agua y reservamos 200 g para elaborar la salsa y 100 g para el crujiente.

5. Deshuesamos los pies con mucho cuidado para dejarlos enteros. Salpimentamos y colocamos cuatro medias mitades con la piel boca abajo en una bandeja de aluminio plana de 0,5 l (12 × 17 cm). Ponemos las lonchas de jamón por encima y cubrimos con las otras cuatro mitades de pie. Cubrimos

con un papel film, presionamos con un peso y reservamos en la nevera durante 12 horas hasta que se gelifiquen.

Para el crujiente de piñones (opcional)
6. Mezclamos los 100 g de agua fría de la cocción de los pies reservada con el *kuzu* y calentamos hasta alcanzar el punto de ebullición y sin parar de remover hasta conseguir una crema translúcida.

7. Formamos una capa fina de crema sobre la hoja de silicona, esparcimos algunos piñones y deshidratamos durante 8 horas a 35 °C en la deshidratadora.

8. Antes de servir, rompemos la lámina y freímos en abundante aceite de girasol a 170 °C.

Para el jugo de los pies:
9. Calentamos los 200 g del agua de cocción de los pies de cerdo reservada con la miel, la rama de romero y la sal. Espesamos añadiendo poco a poco la xantana.

INGREDIENTES

Para el crujiente de pies
de cerdo (opcional):
100 g de agua
de cocción de los pies
14 g de kuzu
Aceite de girasol
1 hoja de silicona
20 g de piñones tostados

Para los caracoles:
200 g de caracoles
1 hoja de laurel
1 cucharadita
de pimienta negra
(sin moler)
1 diente de ajo
Sal, agua
1 rama de romero

ELABORACIÓN

Para los caracoles:

10. Lavamos los caracoles, cambiando el agua entre 4 y 5 veces durante el proceso. Escurrimos y añadimos abundante sal para eliminar el exceso de baba. Volvemos a lavar con agua.

11. En una olla alta, cubrimos con agua los caracoles y llevamos al punto de ebullición para acabar de eliminar los posibles residuos. Escurrimos.

12. Introducimos los caracoles en una cazuela acompañados del laurel, el ajo, la pimienta negra y el romero, cubrimos con agua fría y cocemos a fuego medio durante unos 15 minutos.

Para la espuma de níscalos:

13. Sofreímos la cebolla picada, el ajo y la rama de tomillo con un poco de aceite. Añadimos los níscalos, previamente cortados, la mostaza y el caldo de pollo. Cocemos a fuego suave durante 10 minutos, pasamos por la batidora eléctrica y por un colador fino. Salpimentamos.

14. Recuperamos 250 g de crema de níscalos y agregamos la albúmina y la xantana.

15. Introducimos en un sifón de espumas con dos cápsulas de N2O.

16. Reservamos en un baño maría a 60 °C hasta el momento de servir el plato.

Para el montaje del plato:

17. Al desmoldar los pies de cerdo obtendremos una placa gelificada compacta, lisa y brillante con forma rectangular muy homogénea que nos permitirá cortarla fácilmente en ocho rectángulos pequeños iguales con la ayuda de un cuchillo.

18. En una sartén antiadherente muy caliente, freímos los rectángulos de pies, previamente pintados con aceite, hasta conseguir una capa tostada y bien crujiente.

19. Introducimos los rectángulos de pies de cerdo en el horno durante 3 minutos a una temperatura de 180 °C.

20. Servimos dos rectángulos por persona acompañados con su jugo, un poco de espuma de níscalos, algunos caracoles sin concha, el crujiente de piñones y unas hojitas de romero.

Más ideas

Para simplificar y acortar los tiempos de la receta, podemos cocer los pies de cerdo en una olla a presión y optar por caracoles precocidos. Y si queremos aportar una textura más crujiente, cabe la posibilidad de rebozar los pies de cerdo con pan rallado y luego freírlos con aceite de oliva.

PICANTÓN RELLENO DE *FOIE* CON MAÍZ, CIRUELAS Y OREJONES

Tiempo: 45 minutos + 2 horas de cocción + 1 día de reposo ● Dificultad: alta ● Para: 4 personas

INGREDIENTES

2 picantones
200 g de *foie* crudo
   de pato
Pimienta de Espelette
5 g de trufa negra, sal
2 cucharadas
   de jerez dulce
2 cucharadas de piñones
   tostados
4 ramas de tomillo

Para el jugo:
1 cebolla
1 zanahoria
Tomillo
2 dientes de ajo con piel
Aceite de oliva virgen
Agua
1 cucharadita
   de mantequilla
Sal, pimienta

Para el puré de ciruelas
   y orejones:
100 g de orejones secos
100 g de ciruelas
   sin hueso

Para la espuma
   de maíz:
360 g de maíz
   en conserva
25 g de agua mineral
20 g de proespuma
   caliente (*ver apartado*
   de «Texturas»), sal

ELABORACIÓN

1. Pasamos los picantones por una llama de fuego para retirar el exceso de pelos. Los vaciamos y deshuesamos por la parte de la espalda, con cuidado de no romper la piel. Reservamos los huesos.

2. Colocamos los picantones deshuesados sobre un papel film y ponemos por encima de cada pieza una tira transversal de *foie* crudo, la trufa rallada, el jerez dulce, la sal y la pimienta.

3. Envolvemos cada ave con papel film y la envasamos al vacío y por separado en un par de bolsas retráctiles específicas para esta técnica.

4. Introducimos los picantones al baño maría en el horno o en un Roner a 70 °C durante 2 horas.

5. Una vez cocidos, enfriamos en agua y hielo, y reservamos en la nevera hasta el día siguiente.

Para el jugo:
6. En una cazuela con aceite, sofreímos los huesos de los picantones, el ajo, el tomillo, la cebolla y la zanahoria. Una vez rehogado el sofrito, cubrimos con agua y dejamos reducir hasta la mitad.

7. Colamos, dejamos reducir de nuevo y ligamos incorporando la mantequilla fuera del fuego. Salpimentamos.

Para el puré de ciruelas y orejones:
8. Hervimos las ciruelas y los orejones por separado y previamente remojados. Escurrimos y pasamos por la batidora hasta obtener dos finos purés.

Para la espuma de maíz:
9. Trituramos el maíz con el agua y la sal hasta obtener un puré fino, pasamos por un colador e incorporamos con la batidora la proespuma caliente.

10. Vertemos la espuma en un sifón de ½ l e introducimos una cápsula de N2O. Agitamos y reservamos al baño maría a 65 °C.

Para el montaje del plato:
11. Cortamos cada picantón en cuatro medallones iguales, pasamos por la sartén muy caliente (vuelta y vuelta) y horneamos 3 minutos.

12. Servimos el picantón en su jugo y acompañado de los dos purés, la espuma de maíz, unos piñones tostados y unas ramitas de tomillo.

TOFU A LA PARRILLA CON MACARRONES DE *SHIITAKE*, CREMA DE AVELLANAS Y TUPINAMBO

Tiempo: 1 hora • Dificultad: media • Para: 4 personas

INGREDIENTES

125 g de nata vegetal de avena bio para cocina
20 g de avellanas tostadas picadas
320 g de tofu fresco cortado en dados
500 g de tupinambo
200 g de *shiitake* fresco y cortado en láminas
30 g de mantequilla vegetal
Aceite de oliva virgen
Agua, sal
4 cucharaditas de gomasio (sal de sésamo)
4 cucharaditas de aceite de avellanas *(ver «Elaboración propia» en Glosario)*

ELABORACIÓN

1. En un bol, mezclamos la nata de avena con las avellanas picadas y rectificamos de sal. Introducimos la crema de avellanas en un biberón de plástico de cocina y reservamos.

2. Pelamos, troceamos y cocemos el tupinambo en agua y sal. Escurrimos y pasamos por la batidora eléctrica con un poco de su agua y aceite de oliva hasta conseguir una textura de puré.

Para los macarrones vegetales de *shiitake*:

3. Enfriamos un tubo de acero inoxidable (de 10 mm de diámetro × 20 cm de largo) o un Macarrón Kit (utensilio específico para elaborar macarrones de gelatina) en el congelador o en agua con hielo.

4. En una olla, hervimos el *shiitake*, la alga *wakame* y la salsa de soja durante 5 minutos, dejamos infusionar 5 minutos más y colamos.

5. En un cazo, mezclamos el caldo templado con la kappa y llevamos al punto de ebullición.

INGREDIENTES

Para los macarrones vegetales de *shiitake*:

500 g de agua
80 g de *shiitake* fresco
½ cucharada de salsa de soja
5 g de *wakame* seca
9 g de kappa

ELABORACIÓN

6. Vertemos el caldo caliente en una bandeja y esperamos a que su temperatura baje hasta los 80 °C.

7. Sacamos el tubo o el Macarrón Kit del congelador/agua fría y secamos con un paño.

8. Sumergimos el utensilio elegido en el caldo durante unos segundos, repetimos dos veces la operación, retiramos y dejamos gelificar.

9. Extraemos la gelatina del tubo y la cortamos a un tamaño parecido al de los macarrones.

Para el montaje del plato:

10. Salteamos el *shiitake* cortado en láminas con la mantequilla vegetal.

11. Rellenamos los macarrones con un poco de crema de avellanas.

12. Pasamos por la parilla el tofu fresco cortado en dados.

13. Colocamos en un plato los dados de tofu sobre el puré de tupinambo, los macarrones rellenos y el *shiitake* salteado. Aliñamos con una pizca de gomasio y unas gotas de aceite de avellanas.

Más ideas

Opcionalmente, podemos ahumar el plato utilizando una pipa de humo con serrín de romero (disponible en tiendas especializadas de gastronomía) y servirlo cubierto con un bol o campana de cristal.

PESCADOS

ATÚN ASADO CON JUDÍAS VERDES, AGUACATE, MENTA Y *WASABI*

Tiempo: 30 minutos • Dificultad: media • Para: 4 personas

INGREDIENTES

450 g de lomo de atún
   cortado en tacos
   medianos
250 g de judías verdes
4 cucharaditas
   de aceite de sésamo
1 aguacate
½ limón
Sal
Aceite de oliva virgen
Sal Maldon
1 rama de eneldo fresco
Pétalos de caléndula
   amarilla

Para la tempura
   de menta:

8 hojas de menta
4 cucharadas de harina
   para tempura
100 g de agua fría
1 pizca de sal
200 g de aceite
   de girasol

Para la emulsión
   de *wasabi*-menta:

1 cucharadita de pasta
   de *wasabi*
22 hojas de menta
150 g de agua
1,5 de agar-agar
40 g de aceite de oliva
   virgen, sal

ELABORACIÓN

1. En un cazo con agua hirviendo y sal, cocemos las judías verdes enteras hasta dejarlas un poco crujientes ("al dente"). Enfriamos la verdura con agua y hielo, y reservamos.

2. Pasamos por la batidora eléctrica el aguacate con una pizca de sal, aceite de oliva y el zumo de ½ limón hasta obtener una crema fina. Introducimos en una manga pastelera de plástico.

Para la tempura:
3. Mezclamos el agua con la sal y la harina. Reservamos en la nevera hasta el momento de utilizarla.

Para la emulsión de *wasabi*-menta:
4. En un cazo con agua hirviendo y sal, escaldamos las hojas de menta y luego enfriamos con agua y hielo.

5. En un bol, mezclamos las hojas de menta, el *wasabi*, un poco de sal, el agar-agar y el agua. Pasamos por la batidora y vertemos la preparación en un cazo. Llevamos al punto de ebullición y dejamos gelificar en una bandeja plana. Volvemos a pasar por la batidora hasta conseguir una crema fina y emulsionamos añadiendo el aceite de oliva.

Para el montaje del plato:
6. Aliñamos las judías verdes con el aceite de sésamo y formamos un nido en el centro del plato.

7. Pasamos por la parrilla (vuelta y vuelta) los tacos de atún, previamente untados en aceite de oliva, y los incorporamos al plato.

8. Freímos las hojas de menta, previamente sumergidas en la tempura, en aceite de girasol, secamos sobre un papel absorbente y las colocamos sobre la crema de aguacate en varios puntos del plato.

9. Terminamos el plato con la emulsión de *wasabi*, el eneldo, los pétalos de caléndula y la sal Maldon.

Más ideas

Podemos acompañar este plato con sorbete de aguacate (*ver «Elaboración propia» en Glosario*) y jugar con el contraste de las temperaturas.

BACALAO CON CAVIAR DE ROMESCO Y CREMA DE PUERROS AHUMADOS

Tiempo: 45 minutos + 12 horas de reposo • Dificultad: media • Para: 4 personas

INGREDIENTES

4 morros de bacalao
(de 150 g cada uno)
4 puntas de espárragos
verdes
½ calabacín cortado
en 8 láminas finas
1 cucharada de aceite de
oliva virgen

Para el caviar
de romesco:

6 tomates maduros
1 cabeza de ajo
1 cucharadita de carne
de ñoras
1 cucharadita
de pimentón dulce
1 cucharada de vinagre
de jerez
2 cucharadas de aceite
de oliva virgen
80 g de almendras fritas
y saladas
Sal
4 g de gluconolactato

Para el baño:

½ l de agua mineral
2,5 g de alginato

ELABORACIÓN

Para el baño:

1. Pasamos por la batidora eléctrica el agua mineral con el alginato y dejamos reposar en la nevera durante 12 horas.

Para el caviar de romesco:

2. Cocemos los tomates y los ajos sin pelar en el horno a 180 °C durante 35 minutos.

3. Una vez escalivados, pelamos los tomates, retiramos sus pepitas e introducimos en el vaso alto de la batidora eléctrica junto a los ajos confitados.

4. Añadimos la carne de las ñoras, las almendras, el pimentón dulce, el vinagre y la sal. Trituramos con la batidora eléctrica incorporando el aceite de oliva para elaborar la salsa romesco.

5. Pasamos por un colador fino y, con la ayuda de la batidora de mano, mezclamos 200 g de la salsa con el gluconolactato. Dejamos reposar en la nevera durante 12 horas.

6. Llenamos una cubeta plana con la mezcla de agua y alginato. Llenamos una segunda cubeta solamente con agua.

7. Introducimos en una jeringuilla la salsa de romesco y escudillamos gota a gota en el baño de agua y alginato.

8. Dejamos gelificar durante 1 minuto, sacamos el caviar con la ayuda de una cuchara coladora para esferificaciones, lo pasamos por el baño de agua mineral, escurrimos, introducimos en un recipiente hermético con aceite de oliva y guardamos en la nevera hasta su uso.

Para la crema de puerros ahumados:

9. Marcamos los puerros directamente sobre la llama del fuego (como si fuesen a la brasa), retiramos la parte quemada y los cortamos en rodajas de tamaño medio.

Más ideas

Para preparar el caviar de una forma más sencilla y rápida, existe en el mercado un dispensador de caviar esférico desmontable que recibe el nombre de «Caviar Box».

INGREDIENTES

Para la crema de puerros:

500 g de puerros
600 g de caldo vegetal *(ver «Elaboración propia» en Glosario)*
3 cucharadas de aceite de oliva virgen suave
25 g de mantequilla
10 g de harina de maíz diluida en agua fría
Sal

ELABORACIÓN

10. En una olla con el aceite suave, rehogamos los puerros y añadimos el caldo vegetal y la sal. Dejamos cocer 15 minutos.

11. Pasamos por la batidora eléctrica y por un colador chino hasta obtener una crema fina con sabor ahumado. Volvemos a calentar, ligamos con la harina de maíz, retiramos del fuego y añadimos la mantequilla.

12. Escaldamos en agua hirviendo las 8 láminas de calabacín durante 7 segundos y las puntas de espárragos durante 3 minutos. Enfriamos con agua y hielo. Reservamos.

Para el montaje del plato:

13. En una sartén caliente, marcamos el bacalao, previamente pintado con el aceite de oliva virgen, por ambos lados.

14. Introducimos el pescado en el horno a 160 °C durante 3 minutos.

15. Enrollamos la mitad de cada pieza de bacalao con 2 láminas de calabacín y lo servimos en un plato hondo.

16. Calentamos el caviar en su propio aceite y lo servimos por encima del bacalao.

17. Terminamos el plato colocando una punta de espárragos con la crema de puerros ahumados alrededor.

COLITA DE RAPE CRUJIENTE CON EMULSIÓN DE NARANJA, ZANAHORIA, CALABAZA, CURRY Y COMINO

Tiempo: 20 minutos • Dificultad: fácil • Para: 4 personas

INGREDIENTES

4 colitas de rape
8 zanahorias baby
Brotes de zanahorias
1 lima
Sal
Aceite de oliva virgen

Para el rebozado:
50 g de harina de maíz
25 g de coco rallado
25 g de almendras
    en polvo
2 claras de huevo

Para la emulsión de
naranja, calabaza y
zanahoria:
100 g de zanahoria
    previamente pelada
70 g de calabaza
    previamente pelada
300 g de zumo de
    naranja exprimida
1 cucharadita de curry
4 gotas de aceite vegetal
    de comino negro
10 g de azúcar moreno
2 g de xantana

ELABORACIÓN

1. Pelamos las colitas de rape, cortamos transversalmente por la mitad y envasamos al vacío los lomitos (de dos en dos) en unas bolsas termorresistentes.

Para la emulsión de naranja, calabaza y zanahoria:
2. Trituramos los ingredientes en una licuadora. Pasamos por un colador fino y reservamos en un biberón.

Para el rebozado:
3. Mezclamos la harina de maíz con el coco y las almendras en polvo.

Para el montaje del plato:
4. Cocemos en agua y sal las zanahorias baby peladas. Retiramos del fuego y enfriamos en agua y hielo.

5. En una olla alta, calentamos agua hasta alcanzar los 53 °C y sumergimos el rape envasado al vacío durante 4 minutos.

6. Retiramos las bolsas, escurrimos y secamos los lomitos de rape con papel absorbente.

7. Sumergimos los lomitos, previamente salados, en las claras de huevo ligeramente batidas y seguidamente en la mezcla del rebozado.

8. Calentamos en una sartén el aceite suave y freímos el rape hasta que esté dorado y crujiente. Escurrimos los lomitos sobre un papel absorbente.

9. En el fondo del plato, vertemos la emulsión. Servimos por encima los lomitos de rape crujientes.

10. Terminamos el plato colocando las zanahorias baby calientes, unos brotes de zanahoria y un poco de ralladura de lima por encima.

Más ideas

Si no tenemos máquina de envasado al vacío, hay dos alternativas:

1. Enrollamos (de dos en dos) los lomitos de rape con varias capas de film transparente y sumergimos durante 4 minutos en una olla con agua caliente y sin sobrepasar los 53 °C.

2. En una olla, calentamos 500 g de aceite de oliva suave hasta los 53 °C y sumergimos los lomitos de rape crudos durante 4 minutos.

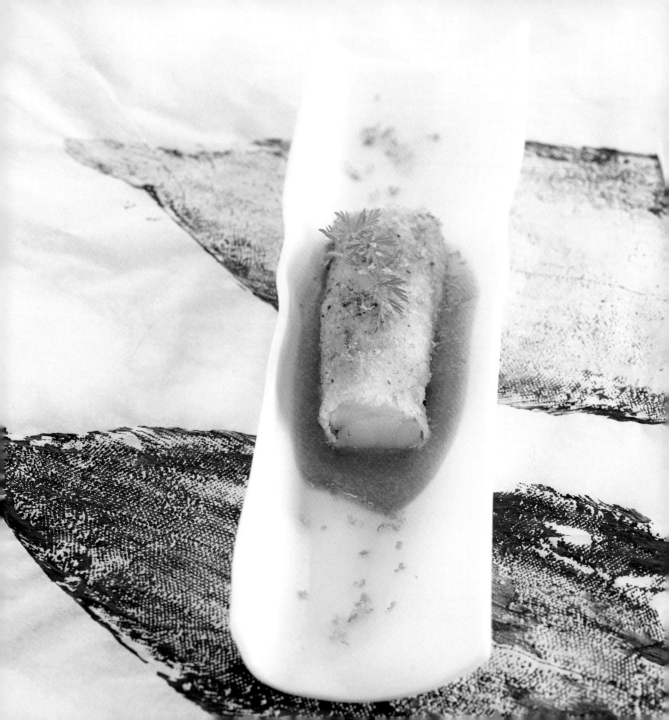

ESPAGUETIS NEGROS CON ALGAS, CALAMARCITOS Y AZAFRÁN

Tiempo: 25 minutos • Dificultad: fácil • Para: 4 personas

INGREDIENTES

100 g de espaguetis
de mar, previamente
desalados y hervidos
1 calabacín
12 calamarcitos de playa
Aceite de oliva virgen

Para la crema
de azafrán:
1 yema de huevo
8 pistilos de azafrán
200 g de nata
de 35% M.G.
Sal de algas (ver
«Elaboración propia»
en Glosario) o sal
½ limón

ELABORACIÓN

1. Limpiamos los calamarcitos retirando las patitas, la piel y su interior. Cortamos por la mitad y, con la ayuda de un cuchillo, realizamos unos cortes transversales en la parte interior. Reservamos las patitas.

Para los espaguetis negros:
2. En un cazo, diluimos la tinta de calamar con el agua de mar templada y la gelatina vegetal, mezclamos y llevamos a ebullición.

3. Introducimos parte de la mezcla en una jeringuilla y ensamblamos la boquilla en el extremo de un tubo de silicona (de 1 m de longitud y de 0,5 mm de diámetro).

4. Inyectamos el agua de mar con tinta en el interior del tubo y lo depositamos enseguida en un recipiente con agua y hielo hasta que gelifique.

5. Una vez gelificada, presionamos la jeringuilla para obtener el espagueti negro.

6. Repetimos el proceso hasta terminar la mezcla de tinta y agua de mar.

INGREDIENTES

Para los espaguetis
    negros:

500 g de agua de mar
4 g de tinta de calamar
40 g de gelatina vegetal

ELABORACIÓN

Para la crema de azafrán:

7. En un cazo a fuego medio, reducimos la nata con el azafrán y la sal.

8. En un bol, batimos la yema y la incorporamos a la nata reducida.

9. Seguimos batiendo hasta conseguir una salsa ligeramente ligada y realzamos el sabor con unas gotas de limón exprimido. Reservamos.

Para el montaje del plato:

10. En una parrilla o sartén, marcamos vuelta y vuelta los calamarcitos y sus patitas, previamente rociados con aceite de oliva.

11. Con la ayuda de una mandolina, cortamos el calabacín a lo largo en julianas finas conservando la mayor parte de piel verde.

12. En una sartén, salteamos la juliana de calabacín y los espaguetis de mar con un poco de aceite de oliva.

13. Retiramos del fuego y mezclamos los espaguetis negros con las algas y el calabacín (la temperatura no debe sobrepasar los 70 °C).

14. Servimos con los calamarcitos y sus patitas, todo aliñado con la crema de azafrán.

Más ideas

En lugar de espaguetis de mar salados, podemos utilizar las mismas algas, frescas o deshidratadas.

LENGUADO CON BERBERECHOS, ESPINACAS, MANZANA Y EMULSIÓN DE CITRONELLA

Tiempo: 35 minutos ● **Dificultad:** fácil ● **Para:** 4 personas

INGREDIENTES

4 filetes de lenguado
16 piezas de berberechos
½ manzana roja
**60 g de brotes
    de espinacas**
5 palos de citronella
½ lima
½ limón
50 g de jengibre fresco
600 g de leche
**1 cucharadita de harina
    de maíz**
**4 cucharadas de aceite
    de oliva virgen suave**
Agua
Cebollino
**Brotes de rábano
    japonés (opcional)**
Sal y pimienta

ELABORACIÓN

1. Cortamos los palos de citronella en rodajas pequeñas y mezclamos con el jengibre cortado en trozos y la lima cortada en cuartos con su piel. Confitamos a fuego lento con el aceite de oliva durante unos minutos.

2. Incorporamos la leche, ponemos una pizca de sal e infusionamos 10 minutos sin apagar el fuego.

3. Ligamos la salsa con la harina de maíz, pasamos la mezcla por la batidora eléctrica y colamos.

4. Vertemos la salsa en un sifón de ½ l, introducimos una cápsula de N2O, agitamos y reservamos al baño maría con una temperatura máxima de 65 °C.

5. En una sartén con un poco de aceite, marcamos los filetes de lenguado, previamente salpimentados, por ambos lados.

6. En una cazuela con un poco de agua y limón, calentamos los berberechos hasta que se hayan abierto.

Para el montaje del plato:
7. En un plato hondo sobre un fondo de brotes de espinacas crudas, servimos los filetes de lenguado con los berberechos. Añadimos la manzana cortada en daditos pequeños, la emulsión de citronella y el cebollino picado con los brotes de rábano japonés.

 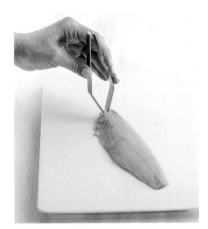 

SALMONETE EN SALSA BULLABESA CON PAN Y *ROUILLE*

Tiempo: 1 hora y 45 minutos • **Dificultad:** media • **Para:** 4 personas

INGREDIENTES

4 salmonetes de unos
   400 g cada uno,
   previamente fileteados
2 patatas grandes
200 g de calabaza
½ bulbo de hinojo
Aceite de oliva virgen
1 barra de pan cortada a
   lo largo en tiras largas
   y posteriormente
   tostadas

Para la bullabesa:
1 cebolla
1 zanahoria
2 dientes de ajo con piel
½ puerro
2 tomates
¼ de bulbo de hinojo

ELABORACIÓN

Para la bullabesa:

1. En una cazuela alta con un poco de aceite, rehogamos el ajo y las verduras previamente troceadas durante unos 3 minutos.

2. Añadimos los tomates cortados, el azafrán, el anís en grano y el tomate concentrado, sofreímos unos minutos más e incorporamos la cabeza de rape, las espinas de los salmonetes con el pescado de roca y el vino blanco. Dejamos reducir por completo e incorporamos el agua.

3. Cocemos durante unos 40 minutos a fuego medio retirando la espuma de vez en cuando. Colamos.

4. Añadimos la xantana a 500 g de bullabesa para ligarla ligeramente, salamos y reservamos hasta el momento de montar el plato.

Para la gelatina de eneldo y anís:

5. Calentamos el agua con la sal, el eneldo y el anís en grano hasta alcanzar el punto de ebullición.

INGREDIENTES

500 g de cabeza de rape
300 g de pescado de roca (congrio, bejel...) sin sangre y las espinas de los salmonetes
1 cucharadita de anís en grano
2 cucharadas de concentrado de tomate
1 bolsita de hebras de azafrán
½ vasito de vino blanco seco
1 l de agua, sal
Aceite de oliva virgen extra
2,5 g de xantana

Para la gelatina de eneldo y anís:

200 g de agua
4 ramas de eneldo
1 cucharadita de anís en grano
8 g de agar-agar y sal

Para la salsa *rouille*:

1 yema de huevo
½ cucharadita de mostaza de Dijon
½ cucharadita de ajo pelado y triturado con aceite de oliva
Pimentón dulce
½ bolsita de hebras de azafrán, sal
Pimienta recién molida
Aceite de oliva virgen extra
Aceite de girasol

ELABORACIÓN

6. Pasamos por la batidora eléctrica y por un colador fino. Añadimos el agaragar y volvemos a calentar hasta alcanzar el punto de ebullición. Vertemos en un recipiente de 1 cm de altura y dejamos gelificar en el frigorífico.

Para la salsa *rouille*:

7. Con la ayuda de unas varillas de cocina, batimos la yema, la mostaza, el ajo picado, la sal y la pimienta molida. Incorporamos poco a poco el aceite de oliva hasta obtener una textura de mayonesa y añadimos el aceite de girasol.

8. Diluimos los dos pimentones y el azafrán en un poco de agua y vertemos en la preparación anterior para obtener la salsa. Rectificamos de sal.

Para las patatas, la calabaza y el hinojo:

9. Cocemos en la bullabesa bolitas de patata y calabaza, previamente extraídas con la ayuda de un sacabolas o cuchara parisina mediana.

10. Cortamos la parte superior del hinojo en tronquitos y lo cocemos igualmente en la bullabesa. Reservamos.

Para el montaje del plato:

11. Introducimos dos filetes de salmonete superpuestos en una bolsa retráctil con un poco de aceite de oliva y envasamos al vacío.

12. Sumergimos las bolsas con los salmonetes en una olla con abundante agua o en el Roner a 58 °C y cocemos a baja temperatura durante 4 minutos.

13. Servimos los salmonetes superpuestos en un plato hondo con las verduritas hervidas, la bullabesa alrededor, un poco de gelatina de eneldo y anís rallada por encima, y una tira de pan tostado con la salsa *rouille* a un lado.

Más ideas

Podemos servir la bullabesa con cualquier otro pescado de roca o rape. Si no tenemos máquina de envasar al vacío, podemos poner los filetes de lenguado en una bandeja plana, recubrirlos con aceite de oliva y confitarlos en el horno a 58 °C durante 4 minutos. Es importante controlar la temperatura del horneado en todo momento con la ayuda de un termómetro de cocina.

SALMÓN MARINADO CON ENELDO, COCO Y MANDARINA

Tiempo: 20 minutos + 3 horas de marinado • Dificultad: fácil • Para: 4 personas

INGREDIENTES

600 g de salmón
en filetes, sin piel ni espinas
24 g de huevas de trucha
Eneldo fresco

Para el marinado:
500 g de sal gorda
150 g de azúcar
1 rama de eneldo fresco
1 piel de naranja
1 piel de limón

Para la mermelada de mandarina:
200 g de zumo
de mandarina
(4-5 mandarinas)
20 g de azúcar
2,2 g de agar-agar

Para la leche de coco:
200 g de leche de coco
100 g de nata
de 35% M.G.
Sal

ELABORACIÓN

Para el marinado del salmón:
1. Cubrimos los filetes de salmón con la mezcla de sal, azúcar, eneldo y pieles de cítricos. Reservamos en la nevera durante 3 horas.

2. Transcurrido el tiempo de marinado, limpiamos los filetes con agua, los secamos con papel absorbente y los reservamos en la nevera, previamente envueltos en papel film.

Para la mermelada de mandarina:
3. Pasamos por la batidora las mandarinas peladas con el azúcar. Colamos.

4. Mezclamos 200 g del zumo resultante con el agar-agar y llevamos a ebullición. Dejamos gelificar en la nevera y pasamos por la batidora hasta obtener una crema fina y brillante.

5. Introducimos la mermelada en un biberón pequeño.

Para la crema de coco:
6. Calentamos la leche de coco con la nata y la sal.

Para el montaje del plato:
7. Pasamos por la parrilla el salmón, previamente cortado en 4 supremas iguales, y disponemos el pescado en un plato hondo.

8. Emulsionamos la crema de coco con la batidora eléctrica y vertemos alrededor del salmón.

9. Decoramos con la crema de mandarina, 1 cucharadita de huevas de trucha y unas ramas de eneldo fresco.

Más ideas
Podemos servir este plato frío en verano, o caliente en invierno, simplemente calentando la crema de coco y pasando el salmón por la sartén (vuelta y vuelta).

MERLUZA CON *PANNA COTTA* DE GAMBAS, *VELOUTÉ* Y ALGAS

Tiempo: 1 hora y media • Dificultad: alta • Para: 4 personas

INGREDIENTES

4 supremas de merluza de 180 g
150 g de espaguetis de mar, previamente desalados y hervidos
Aceite de oliva virgen
Sal de algas
(ver «Elaboración propia» en Glosario)

Para el crujiente de algas y pistachos tostados:

50 g de pistachos tostados
3 g de alga *kombu*
60 g de pan
Aceite de girasol

ELABORACIÓN

Para el crujiente de algas y pistachos tostados:

1. Cortamos el pan en rebanadas finas. Calentamos el aceite de girasol en una sartén y freímos el pan con el alga *kombu*.

2. Escurrimos y mezclamos con los pistachos tostados. Introducimos en un molinillo y picamos hasta obtener el crujiente.

Para la *velouté*:

3. En una olla con el agua, cocemos a fuego lento durante 35 minutos todas las verduras, previamente cortadas, con las espinas y la cabeza de la merluza, retirando de vez en cuando la espuma de la superficie.

4. Colamos el caldo con la ayuda de un chino.

5. Mezclamos la yema con la nata e incorporamos al caldo sin dejar de remover y hasta que espese ligeramente. Rectificamos de sal y reservamos caliente en un baño maría.

6. Si es necesario, ligamos la *velouté* con un poco de harina de maíz.

INGREDIENTES

**Para la *velouté*
de pescado:**

**600 g de espinas
y cabeza de merluza**
1 zanahoria
1 puerro
1 cebolla
1 ramita de apio
1 patata
1 l de agua
**150 g de nata
de 35% M.G.**
1 yema de huevo
Harina de maíz, sal

**Para la crema de
gambas rojas:**

**250 g de gambitas rojas
congeladas**
1 cebolla pequeña
1 zanahoria
1 diente de ajo con piel
½ puerro
2 tomates maduros
1 ramita de apio
30 g de arroz
1 rebanada de pan
50 g de coñac
1 l de agua
Sal, aceite de oliva

**Para la panna cotta
de gambas:**

**400 g de crema
de gambas
(ver «Elaboración
propia» en Glosario)**
20 g de gelatina vegetal

ELABORACIÓN

Para la crema de gambas

7. En una cazuela alta con un poco de aceite, rehogamos el ajo, la cebolla, la zanahoria y el puerro, previamente troceados, durante unos 3 minutos. Añadimos los tomates cortados, sofreímos e incorporamos las gambitas. Cocemos durante 5 minutos, flambeamos con el coñac, dejamos reducir por completo e incorporamos el agua.

8. Agregamos la rebanada de pan y el arroz.

9. Cocemos durante unos 25 minutos a fuego medio, retirando de vez en cuando la espuma.

10. Pasamos por la batidora eléctrica, colamos y rectificamos de sal.

Para la *panna cotta*:

11. Mezclamos 400 g de la crema de gambas con la gelatina vegetal y calentamos hasta llegar al punto de ebullición, sin parar de remover.

12. Vertemos la *panna cotta* en una bandeja de aluminio plana de 0,5 l (12 × 17 cm). Dejamos enfriar e introducimos en la nevera hasta que cuaje.

13. Cortamos los bordes de la *panna cotta* para igualarla y la dividimos en 4 rectángulos alargados.

Para el montaje del plato:

14. En una sartén con un poco de aceite de oliva, marcamos las supremas de merluza, previamente condimentadas por ambos lados con la sal de alga.

15. Introducimos en el horno a 160 °C durante 4 minutos.

16. Servimos la suprema de merluza en un plato hondo con un poco de crujiente de pistacho y alga por encima, la *panna cotta* de gambas calentada en el horno (a 80 °C, como máximo), los espaguetis de mar enrollados sobre la *panna cotta* y un poco de *velouté* de pescado.

Más ideas

La rebanada de pan sobre la crema ayuda a absorber la grasa de la superficie a lo largo de la cocción, mientras que el almidón del arroz permite ligar la *panna cotta*.

RISOTTO NEGRO DE QUÍNOA CON GUISANTES, PULPO Y ACEITE DE CORNICABRA CON *HARISSA*

Tiempo: 1 hora + 1 hora y media de cocción a baja temperatura • **Dificultad:** media • **Para:** 4 personas

INGREDIENTES

4 patas pequeñas de pulpo
15 g de aceite de oliva Cornicabra
Sal Maldon

Para el *risotto* negro:
1 l de agua
100 g de quínoa
1 cebolla dulce picada
10 g de queso parmesano rallado
25 g de aceite de oliva (variedad Cornicabra)
100 g de caldo de pescado
2 bolsitas de tinta de calamar
100 g de guisantes pelados y previamente hervidos

Para el alioli de *harissa*:
1 diente de ajo pelado
1 huevo
½ cucharadita de *harissa* ahumada en polvo
200 g de aceite de oliva (variedad Cornicabra)
Sal

ELABORACIÓN

1. Cortamos y envasamos las patitas de pulpo por separado en bolsas retráctiles, rociamos con el aceite y envasamos al vacío.

2. Sumergimos las bolsas con las patitas de pulpo al baño maría o introducimos en un Roner a 95 °C durante 100 minutos. Al finalizar la cocción, enfriamos las bolsas en agua y hielo, y reservamos en el frigorífico.

Para el *risotto* negro:
3. Lavamos la quínoa con agua fría, escurrimos y cocemos 12 minutos en agua hirviendo. Colamos y escurrimos.

4. En una sartén con el aceite de oliva, rehogamos la cebolla dulce, añadimos la quínoa, incorporamos el caldo de pescado y la tinta de calamar. Dejamos reducir, añadimos los guisantes hervidos y ligamos con el queso parmesano. Rectificamos de sal.

Para el alioli de *harissa*:
5. En un vaso alto de batidora eléctrica, mezclamos el ajo, el huevo, la sal y la *harissa* en polvo.

6. Incorporamos poco a poco el aceite de oliva hasta obtener el alioli. Rectificamos de sal.

Para el montaje del plato:
7. Hacemos unos cortes transversales a lo largo de las patitas de pulpo, pintamos con un poco de aceite y calentamos durante unos minutos a la brasa.

8. Servimos el *risotto* negro caliente con una patita de pulpo y acompañamos con el alioli de *harissa*.

9. Decoramos con unas escamas de sal Maldon por encima de las patitas de pulpo y, opcionalmente, ahumamos con la ayuda de una pipa de humo cargada con serrín de madera de haya.

Más ideas

Si no tenemos máquina de envasar al vacío, podemos cocer las patitas de pulpo en una olla con abundante agua hirviendo y una hoja de laurel durante unos 45 minutos.

   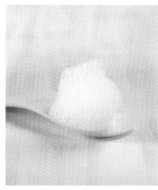

VIEIRAS A LA PLANCHA CON CALABAZA Y ACEITE DE TRUFA

Tiempo: 25 minutos • **Dificultad:** fácil • **Para:** 4 personas

INGREDIENTES

8 vieiras
500 g de calabaza
50 g de mantequilla
10 g de trufa negra
200 g de agua
2 cucharadas de aceite de trufa negra
2 cucharadas de aceite de oliva suave
2 g de lecitina de soja
30 g de pepitas de calabaza
Flor de tomillo
Sal, pimienta

ELABORACIÓN

1. Asamos la calabaza sin pelar en el horno, previamente salpimentada y envuelta en papel de aluminio, durante unos 20 minutos.

2. Pelamos y pasamos por la batidora eléctrica con la mantequilla hasta obtener un puré muy fino.

3. Limpiamos y abrimos las vieiras con la punta de un cuchillo, retiramos las barbas, lavamos su carne bajo el grifo y secamos.

4. Pintamos las vieiras con un poco de aceite suave y marcamos en la parrilla por ambos lados, con cuidado de no resecar su carne en exceso.

5. Con la ayuda de la batidora eléctrica, emulsionamos el agua, una pizca de sal y el aceite de trufa caliente con la lecitina de soja hasta conseguir una textura vaporosa.

6. Cortamos la trufa en láminas. También podemos utilizar vieiras congeladas que, generalmente, se venden en bolsas de 1 kg.

Para el montaje del plato:

7. Servimos en el fondo del plato el puré de calabaza caliente, colocamos con delicadeza las vieiras por encima, 1 cucharada de aire de trufa, algunas láminas de trufa, las pepitas de calabaza y la flor de tomillo.

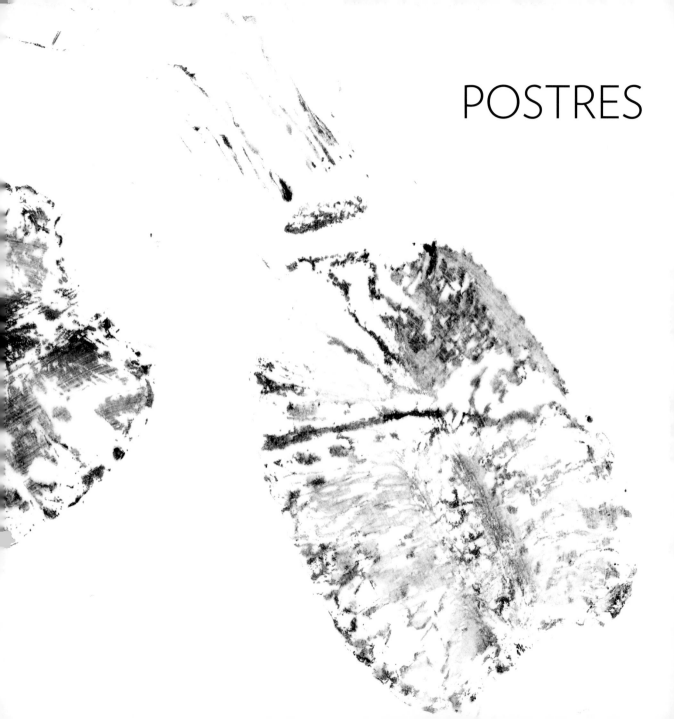

POSTRES

AFTER EIGHT DE CHOCOLATE Y MENTA

Tiempo: 1 hora • **Dificultad:** media • **Para:** unas 20 piezas

INGREDIENTES

300 g de chocolate negro 70%
20 hojitas de menta

Para el jarabe
y el caviar de menta
piperita:

200 g de agua
30 g de azúcar
60 g de sirope de menta
20 hojitas pequeñas de menta piperita frescas
7 gotas de aceite esencial de menta piperita
4 g de agar-agar
Aceite vegetal
Agua para limpiar el caviar (una vez elaborado)

Para la crema de menta
de las semiesferas de
chocolate:

20 g de sirope de menta
1 rama de menta fresca
1 yema de huevo
10 g de harina de maíz
250 g de leche
25 g de azúcar

ELABORACIÓN

1. Fundimos el chocolate negro, previamente troceado, en el microondas. Vertemos en las 20 cavidades esféricas de un molde de silicona semiesférico (4 cm de diámetro) hasta llenar de chocolate por completo.

2. Volcamos ligeramente el molde y dejamos caer el chocolate líquido para llenar las cavidades por completo y conseguir una película fina de chocolate en el interior. Congelamos hasta su utilización.

Para la crema de menta de las semiesferas de chocolate:
3. Mezclamos todos los ingredientes en frío, menos el sirope de menta.

4. Cocemos a fuego lento y sin parar de remover hasta obtener una crema con textura brillante y cremosa.

5. Añadimos el sirope de menta.

Para el jarabe y el caviar de menta:
6. Vertemos el aceite vegetal en un vaso alto y enfriamos en el congelador hasta los 5 °C.

7. Mezclamos el agua, el sirope, las hojitas de menta piperita y el azúcar, hervimos durante 3 minutos, dejamos infusionar 10 minutos más fuera del fuego y aromatizamos con las gotas de aceite esencial de menta para obtener un jarabe. Colamos.

8. Añadimos el agar-agar al jarabe, calentamos hasta alcanzar el punto de ebullición e introducimos una parte del sirope en una jeringuilla.

9. Escudillamos gota a gota en el baño de aceite vegetal frío. Mantenemos el caviar durante 5 minutos en el aceite y retiramos con la ayuda de una cuchara coladora para esferificaciones. Escurrimos y limpiamos el caviar sumergiéndolo brevemente en una bandeja con agua. Repetimos la misma operación hasta que ya no quede más jarabe.

Para el montaje del plato:
10. Sacamos del congelador el molde semiesférico y desmoldamos las esferas de chocolate para conseguir una forma parecida a conchas huecas.

11. Rellenamos con crema de menta cada semiesfera hasta la mitad y servimos por encima una cucharadita de caviar de menta y una hojita de menta.

BOCADILLO DE CREMA DE PRALINÉ

Tiempo: 25 minutos + 5 horas de cocción • **Dificultad:** media • **Para:** 6-8 personas

INGREDIENTES

**Para el pan
de galleta María:**

5 galletas María
100 g de agua templada
0,7 g de xantana
1,7 g de albúmina
37 g de clara de huevo
1 cucharadita de café de
 azúcar
1 pizca de sal
50 g de avellanas
 tostadas picadas

**Para la crema
de praliné y *kuzu*:**

150 g de avellanas
 peladas y tostadas
400 g de agua
30 g de azúcar
30 g de praliné 50%
 azúcar
30 g de *kuzu*

ELABORACIÓN

Para el pan de galleta María:

1. Mezclamos la sal, la xantana y la albúmina.

2. Remojamos las galletas María con el agua templada durante unos 10 minutos, colamos y reservamos 40 g de dicha agua.

3. Calentamos el agua reservada del remojo a 40 °C, añadimos la claras de huevo y la mezcla de azúcar, xantana, sal y albúmina.

4. Montamos en la batidora de varillas hasta alcanzar el punto de nieve.

5. Con la ayuda de una manga pastelera, escudillamos varias tiras de 15 × 2 cm sobre una hoja de silicona.

6. Espolvoreamos la mitad de las tiras con las avellanas picadas y horneamos durante 5 horas a 70 °C.

7. Guardamos los panes en una caja hermética con gel de sílice.

Para la crema de praliné y *kuzu*:

8. Trituramos las avellanas con el agua, colamos y recuperamos 300 g del líquido para la preparación.

9. Disolvemos en frío el *kuzu* con el azúcar, el agua de avellanas y el praliné. Calentamos a fuego lento removiendo con una espátula durante unos 5 minutos hasta conseguir una textura cremosa ligera. Introducimos en una manga pastelera y dejamos enfriar.

Para el montaje del bocadillo:

10. Con la ayuda de una manga pastelera, disponemos una capa fina de crema sobre la mitad del pan y cerramos el bocadillo con la otra mitad espolvoreada con avellanas picadas.

Más ideas

Podemos cambiar el sabor del pan utilizando un caldo (dulce o salado) en lugar del agua.

El *kuzu* nos permite elaborar cremas de distintos sabores mezclando cualquier líquido o caldo.

BONIATO GLASEADO CON ESPUMA DE COCO Y RON

Tiempo: 1 hora + 12 horas de congelación ● **Dificultad:** media ● **Para:** 10 personas

INGREDIENTES

- **4 boniatos pequeños**
- **1 l de leche de almendras** *(ver «Elaboración propia» en Glosario)*
- **1 huevo**
- **30 g de azúcar + 5 g de canela en polvo**
- **1 pan de leche cortado longitudinalmente por la mitad**
- **Aceite de girasol**

Para el sorbete de boniato:
- **145 g de pulpa de boniato escalivado**
- **80 g de agua**
- **50 g de azúcar**
- **15 g de glucosa**
- **1 g de estabilizante para helado**

Para la espuma de coco y ron:
- **20 g de ron blanco**
- **150 g de leche de coco**
- **100 g de nata de 35% M.G.**
- **½ hoja de gelatina previamente remojada en un poco de agua fría**
- **20 g de azúcar**

ELABORACIÓN

Para el sorbete de boniato:

1. Introducimos en el horno los boniatos con un corte en la parte superior y calentamos a 180 °C durante unos 45 minutos.

2. Abrimos con cuidado la parte superior de los boniatos, extraemos y reservamos 285 g de su pulpa.

3. En un cazo, mezclamos el agua, la glucosa, el azúcar y el estabilizante, y calentamos hasta alcanzar los 60 °C. Incorporamos la pulpa reservada de boniato, pasamos por la batidora eléctrica y congelamos durante 12 horas.

Para la espuma de coco y ron:

4. Mezclamos y calentamos ligeramente la nata, la leche de coco, el ron y el azúcar, e incorporamos las hojas de gelatina. Introducimos en un sifón de espumas de ½ l, dejamos enfriar, lo cerramos e introducimos 2 cápsulas de N2O. Agitamos y reservamos en la nevera durante 4 horas.

Para los dados de torrija:

5. Empapamos el pan cortado con la leche de almendras, escurrimos, pasamos por el huevo batido y freímos en abundante aceite de girasol.

6. Retiramos el exceso de grasa colocando el pan sobre un papel absorbente.

7. Espolvoreamos con la mezcla de azúcar y canela, dejamos enfriar y cortamos en dados muy pequeños.

8. Colamos y reservamos la leche de almendras sobrante hasta servir el postre.

Para el montaje del plato:

9. Emulsionamos la leche de almendras reservada con la batidora.

10. En un vaso, vertemos un poco de leche de almendras y una bola de sorbete. Agregamos la espuma, decoramos con unos daditos de torrija y espolvoreamos con un poco de canela.

Más ideas

Para conseguir una textura más fina podemos pasar el sorbete de boniato por la sorbetera antes de congelar o por la Pacojet justo en el momento de servir. Y para simplificar, podemos usar leche de almendras ya envasada y añadir las cáscaras de los cítricos con la rama de canela para elaborar la infusión de leche.

BROCHETA DE FRUTAS CON MENTA Y NUBE DE FRUTA DE LA PASIÓN

Tiempo: 15 minutos + 3 horas de gelificación • **Dificultad:** fácil • **Para:** 4 personas

INGREDIENTES

4 fresas
1 kiwi
½ mango
1 nectarina
2 albaricoques
100 g de sandía cortada en tacos medianos
100 g de melón cortado en tacos medianos
12 hojas de menta

Para la nube de
fruta de la pasión:
45 g de pulpa de fruta de la pasión
125 g de azúcar
25 g de glucosa en polvo
50 g de agua
4,5 g de albúmina en polvo
2,5 hojas de gelatina, previamente remojadas en agua fría
Harina de maíz
Azúcar de piña

ELABORACIÓN

Para la nube de fruta de la pasión:

1. Mezclamos la pulpa de la fruta de la pasión con la albúmina y dejamos que se hidrate unos minutos. Montamos en la batidora de varillas hasta obtener un merengue.

2. En un cazo, calentamos el azúcar, la glucosa y el agua, llevamos a ebullición hasta alcanzar los 130 ºC, retiramos del fuego y añadimos las hojas de gelatina.

3. Poco a poco y en forma de hilo, vertemos el jarabe sobre el merengue y batimos hasta que esté tibio.

4. Depositamos el merengue en un recipiente, previamente forrado de papel film y espolvoreado con harina de maíz. Dejamos gelificar en la nevera.

5. Una vez gelificado, cortamos en dados y rebozamos con el azúcar de piña.

Para el montaje del plato:

6. Cortamos las frutas en dados, gajos y bolas.

7. Insertamos las frutas de forma intercalada con las nubes y las hojas de menta en 8 brochetas de madera (de 15 cm cada una).

Más ideas

Para elaborar la nube podemos sustituir la fruta de la pasión por piña, mango, albaricoque, fresa o melocotón.

EVOLUCIÓN Y REVOLUCIÓN

Tiempo: 3 horas + 12 horas de reposo ● **Dificultad:** Muy alta ● **Para:** 10 personas

INGREDIENTES

10 bolas de helado de café, ya elaborado o hecho en casa (*ver «Elaboración propia» en Glosario*)
10 cucharaditas de caramelo carbonatado (Peta Zetas)

Para el cremoso de chocolate negro:
90 g de chocolate negro al 70%, 75 g de nata para montar al 35%
75 g de leche, 1 yema de huevo grande, 25 g de azúcar, 1 haba *tonka*

Para la tierra de café:
70 g de harina
50 g de mantequilla pomada, 15 g de azúcar
1 yema de huevo
15 g de café soluble

ELABORACIÓN

Para el cremoso de chocolate negro:
1. Preparamos una crema inglesa mezclando las yemas con el azúcar. En un cazo, calentamos la nata, la leche y el haba *tonka* rallada. Vertemos sobre la crema y cocemos hasta alcanzar los 80 °C.

2. Agregamos la crema sobre el chocolate troceado y removemos bien hasta obtener una textura cremosa. Introducimos en una manga de plástico, dejamos enfriar y reservamos en la nevera.

Para la tierra de café:
3. Mezclamos la harina, el café soluble y el azúcar. Agregamos la yema y la mantequilla pomada. Amasamos hasta conseguir una masa homogénea y dejamos reposar durante 20 minutos en la nevera.

4. Rompemos la masa en trocitos sobre una hoja de silicona y horneamos a 180 °C durante unos 10 minutos. Guardamos en un recipiente hermético.

Para la espuma de crema de whisky:
5. Con la ayuda de una batidora eléctrica, mezclamos todos los ingredientes y vertemos en un sifón de espumas (de ½ l). Cerramos, introducimos 2 cápsulas de N_2O y reservamos en la nevera durante 12 horas.

Para el bizcocho de chocolate:
6. Derretimos la mantequilla con el chocolate en el microondas y mezclamos con el resto de ingredientes con la ayuda de una batidora eléctrica.

INGREDIENTES

**Para la espuma
de crema de whisky:**

100 g de crema
de whisky, 125 g de
leche, 10 g de
estabilizante para
helados frío,
2,5 g de xantana

**Para el bizcocho
de chocolate:**

2 huevos, 40 g de
azúcar, 10 g de harina,
9 g de cacao, 25 g de
chocolate negro, 15 g
de mantequilla

**Para la crema
de chocolate blanco:**

50 g de nata 35% M.G.
50 g de agua, 18 g
de *kuzu*, 20 g de
chocolate blanco,
½ vaina de vainilla

**Para la crema
de vainilla y especias:**

100 g de nata, 100 g
de leche, 1 yema de
huevo, 7 g de harina de
maíz, 40 g de azúcar,
1 clavo, nuez moscada
rallada, pimienta
molida, raspadura
de vainilla, 170 g de
crema de vainilla y
especias (elaboración
anterior), 4 g de
gluconolactato

Para el baño:

½ l de agua mineral
2,5 g de alginato

ELABORACIÓN

7. Pasamos por un colador, vertemos la mezcla en un sifón de espumas, introducimos 2 cápsulas de N2O y agitamos. Dejamos reposar en la nevera.

8. Con la ayuda de un cuchillo, realizamos unos cortes en el fondo de un vaso de plástico e introducimos la mezcla hasta una tercera parte del recipiente.

9. Cocemos en el microondas durante 35-40 segundos, a máxima potencia, y desmoldamos.

10. Repetimos los pasos 8 y 9 utilizando otros tres vasos de plástico.

Para la crema de chocolate blanco:
11. Abrimos por la mitad la vainilla, rascamos su interior y mezclamos con el resto de ingredientes fríos. Cocemos a fuego lento y sin parar de remover hasta conseguir una textura cremosa.

12. Introducimos la mezcla en una manga de plástico, dejamos enfriar y reservamos.

Para el baño:
13. Pasamos por la batidora el agua mineral con el alginato y dejamos reposar en la nevera durante 12 horas.

Para la crema de vainilla y especias de las esferas:
14. En una cacerola mezclamos la nata, la leche, la yema de huevo, la harina, el azúcar, el clavo, la nuez moscada, la pimienta y la raspadura de vainilla. Sin parar de remover, cocemos la mezcla a fuego lento hasta que hierva. Vertemos la crema en un bol y tapamos con film transparente.

15. Una vez fría, retiramos el clavo, recuperamos 170 g de crema y añadimos el gluconolactato. Dejamos reposar 12 horas en la nevera.

16. Pasado este tiempo, preparamos una cubeta plana con la mezcla de agua-alginato y otra cubeta con agua sola. Introducimos un poco de crema de vainilla y especias en una cuchara dosificadora mediana para esferificaciones, y formamos varias esferas sumergiéndolas en el baño de agua-alginato durante 1 minuto. Retiramos las esferas con la ayuda de una cuchara coladora para esferificaciones y las pasamos por el baño de agua natural. Reservamos en un jarabe elaborado con agua y azúcar, previamente calentado para diluir este último ingrediente y seguidamente enfriado.

Para la crema de pistacho verde:
17. Repetimos los mismos pasos utilizados para la elaboración de la crema de vainilla, partiendo de una base fría y cociendo a fuego lento. Reservamos en un biberón de plástico.

Para la gelatina de café:
18. En un cazo introducimos el agua, el café soluble y el azúcar, calentamos

INGREDIENTES

Para el jarabe donde reservar las esferas:
100 g de agua
100 g de azúcar

Para la crema de pistacho:
50 g de nata 35% M.G.
35 g de leche, 35 g de
pasta de pistacho verde,
15 g de azúcar, 1 huevo,
6 g de harina de maíz

Para la gelatina de café:
200 g de agua, 40 g
de azúcar, 6 g de café
soluble, 2 hojas de
gelatina

**Para la gelatina de nata,
pimienta y haba *tonka*:**
150 g de nata, 35 g de
azúcar, 1,5 hojas de
gelatina, pimienta
molida, ½ haba *tonka*

Para la textura maltosec:
30 g de chocolate
blanco, 6 g de maltosec

**Para el crujiente
de chocolate:**
125 g de agua, 37,5 g
de glucosa en polvo,
25 g de azúcar, 2,5 g de
goma gellan, 25 g de
cacao en polvo

Para el crujiente de café:
8 caramelos de café

**Para las avellanas
garrapiñadas:**
150 g de avellanas
tostadas, 125 g de
azúcar, aceite de oliva

ELABORACIÓN

e incorporamos las hojas de gelatina previamente remojadas en agua fría. Vertemos el líquido en un recipiente pequeño y alto. Dejamos gelificar en la nevera durante 3 horas y cortamos en dados de 1 cm.

Para la gelatina de nata, pimienta y haba *tonka*:
19. Repetimos los mismos pasos utilizados para la elaboración de la gelatina de café, pero finalizamos con haba *tonka* rallada. Una vez cuajada, cortamos en dados de 1 cm.

Para la textura maltosec:
20. Derretimos el chocolate blanco en el microondas y mezclamos poco a poco con el maltosec hasta obtener una textura arenosa.

Para el crujiente de chocolate:
21. En un cazo, mezclamos en frío todos los ingredientes y calentamos hasta alcanzar el punto de ebullición, sin parar de remover. Vertemos la crema en una bandeja, dejamos gelificar y enfriar en el frigorífico.

22. Una vez transcurrido este tiempo, vertemos la gelatina en un bol alto y pasamos por la batidora hasta conseguir una textura cremosa.

23. Introducimos la crema en una manga de plástico y formamos espirales en forma de red sobre una hoja de silicona.

24. Horneamos durante 4 minutos a 180 °C, retiramos con cuidado del horno y moldeamos el crujiente dándole la forma deseada. Dejamos secar y reservamos en un recipiente hermético con gel de sílice.

Para el crujiente de café:
25. Depositamos los caramelos de café sobre una hoja de silicona y horneamos a 180 °C hasta que se derritan.

26. Con la punta de un cuchillo pequeño, recogemos un hilo de caramelo líquido y vamos enrollándolo alrededor de un tubo metálico de 2 cm de diámetro y 15 cm de largo hasta conseguir una espiral de azúcar de café. Dejamos secar y retiramos con cuidado. Reservamos en un recipiente hermético con gel de sílice.

Para las avellanas garrapiñadas:
27. En una sartén, calentamos el azúcar y las avellanas tostadas sin piel sin dejar de remover y hasta conseguir una textura de caramelo. Pintamos las avellanas con un poco de aceite y dejamos secar sobre una bandeja de acero inoxidable.

Para el montaje:
28. Establecemos a voluntad el orden y la composición de todos los elementos creando una armonía de texturas y colores.

BOLA DE MASCARPONE, FRAMBUESAS Y VIOLETA

Tiempo: 30 minutos + 3 horas de congelación • Dificultad: fácil • Para: 10 personas

INGREDIENTES

Frutos rojos naturales
(frambuesas y
arándanos)
Hojitas de menta

Para las 10 esferas
de mascarpone:
125 g de queso
mascarpone
16 g de yemas de huevo
(1 yema aprox.)
35 g de azúcar
de violeta
50 g de leche
2 gotitas de esencia
de violeta
1 gotita de
colorante violeta
125 g de nata
semimontada
1,5 hojas de gelatina
40 g de frambuesas
liofilizadas

Para el coulis
de arándanos:
70 g de arándanos
20 g de azúcar
30 ml de agua

ELABORACIÓN

Para las esferas:

1. En un cazo, calentamos la leche hasta que llegue a su punto de ebullición.

2. Blanqueamos las yemas con el azúcar de violeta.

3. Vertemos la leche caliente sobre las yemas blanqueadas, mezclamos y cocemos a fuego lento removiendo con la espátula hasta que la crema alcance 82 °C de temperatura.

4. Incorporamos las hojas de gelatina, previamente remojadas en un poco de agua fría.

5. Retiramos del fuego y agregamos poco a poco el queso mascarpone.

6. Dejamos enfriar y aromatizamos con las gotitas de esencia de violeta. Añadimos un poco de colorante e incorporamos con cuidado la nata semimontada para conseguir una *mousse* homogénea.

7. Introducimos la crema en las cavidades de dos moldes de silicona semiesféricos (de 40 mm) y congelamos durante unas 3 horas.

8. Desmoldamos y unimos las semiesferas para formar las bolas.

Para el *coulis* de arándanos:

9. En un cazo, hervimos el agua con el azúcar y los arándanos hasta que la fruta quede bien blanda.

10. Retiramos del fuego, trituramos y pasamos por un colador. Introducimos en un biberón de plástico, dejamos enfriar y reservamos en la nevera.

Para el montaje:

11. Rebozamos las bolas de mascarpone con las frambuesas liofilizadas.

12. Servimos las bolas acompañadas de unos cuantos puntos de *coulis*, algunos arándanos dispersos y unas frambuesas con la hojita de menta en su interior.

Más ideas

Al elaborar las esferas de mascarpone, podemos cambiar el azúcar de violeta por otro de piña, fresa o rosa y adaptar el *coulis* según el sabor elegido. Para el rebozado, también podemos utilizar otras frutas liofilizadas (piña, frutos rojos, fresas...). La crema inglesa de las esferas puede incorporar otros aromas o sabores (café, chocolate...) y utilizar después un rebozado a base de cacao en polvo.

CASTAÑA CON SU HOJA Y TIERRA HELADA DE CHOCOLATE

Tiempo: 1 hora y 30 minutos + 6 horas de congelación • Dificultad: alta • Para: 20 castañas

INGREDIENTES

20 bolas de helado de avellanas, 80 g de manteca de cacao
200 g de chocolate 70% Oro en polvo

Para la crema de castaña:
200 g de puré de castaña y vainilla congelada Boiron, 30 g de azúcar, 150 g de leche, 18 g de *kuzu*, 2 gotas de aroma de castaña Sosa

Para la tierra de castaña:
70 g de harina de castaña, 50 g de mantequilla pomada, 12 g de azúcar, 3 g de sal, 1 yema de huevo

Para la tierra helada:
40 g de chocolate negro, 50 g de nata, 150 g de agua, 15 g de azúcar, 15 g de cacao en polvo

Para las hojas:
2 hojas de pasta *brick* 50 g de mantequilla fundida, 1 cucharadita de pan de especias en polvo, 2 cucharadas de azúcar

ELABORACIÓN

Para la crema de castaña:
1. Mezclamos los ingredientes en frío y cocemos a fuego lento, removiendo hasta obtener una textura cremosa.

2. Introducimos la crema en una manga y vertemos la mezcla en un molde de silicona con forma de castaña. Dejamos enfriar y congelamos 6 horas.

Para la tierra de castaña:
3. Mezclamos y amasamos los ingredientes. Dejamos reposar 20 minutos y horneamos 8 minutos a 180 ºC rompiendo la mezcla hasta obtener una textura terrosa.

Para la tierra helada de chocolate:
4. En un cazo, calentamos la nata, el agua, el azúcar y el cacao hasta alcanzar los 90 ºC. Vertemos la mezcla sobre el chocolate y removemos hasta conseguir una textura cremosa.

5. Introducimos la crema en el contenedor de la Pacojet o en un recipiente plano y congelamos hasta su utilización.

Para las hojas de pasta *brick*:
6. Dibujamos y recortamos la silueta de una hoja de castaño. Colocamos la plantilla sobre las hojas de pasta *brick*, sin retirar el papel protector. Con un bolígrafo, dibujamos el contorno de la hoja sobre la superficie. Recortamos cada una de las hojas reproducidas.

7. Pintamos las hojas con la mantequilla, espolvoreamos con el azúcar y el pan de especias. Horneamos 3 minutos a 180 ºC. Dejamos enfriar y reservamos.

Para el montaje del plato:
8. Derretimos la manteca de cacao con los 200 g de chocolate. Sacamos el molde del congelador y desmoldamos las castañas. Ensartamos una brocheta en la parte inferior de cada castaña y la sumergimos en el chocolate. Dejamos secar y guardamos en la nevera.

9. Pintamos cada castaña con oro en polvo y pasamos la tierra helada por la Pacojet. Si no tenemos dicho utensilio, sacamos la bandeja plana del congelador, atemperamos unos minutos, rascamos la tierra con un tenedor y la disponemos en el fondo del plato. Colocamos una castaña y una hoja sobre el helado de licor de avellanas y esparcimos tierra de castaña por encima.

COCA COLA CRUJIENTE CON CEREZA Y PETA ZETA TROPICAL

Tiempo: 35 minutos + 12 horas de reposo + 12 horas de deshidratación • **Dificultad:** media • **Para:** 10 personas

INGREDIENTES

2 bolsitas de caramelo carbonatado con sabor a frutas tropicales (Peta Zetas)

Para la lámina transparente:
200 g de refresco de cola
10 g de glucosa en polvo
3 g de xantana

Para el caviar de refresco de cola:
500 g de refresco de cola
4 g de alginato
4 gotas de esencia de refresco de cola (de venta en establecimientos especializados en productos gastronómicos)

Para el baño:
1 l de agua
6,5 g de cloruro cálcico

Para la crema de cereza:
200 g de cerezas sin huesos
1,5 g de xantana

ELABORACIÓN

Para el caviar:
1. Pasamos por la batidora el refresco de cola aromatizado con la esencia y el alginato. Dejamos reposar 12 horas.

Para el baño:
2. Disolvemos el cloruro cálcico en el agua y dejamos reposar 1 hora.

Para la lámina transparente:
3. Con una varilla de cocina, incorporamos poco a poco la glucosa y la xantana en el refresco de cola hasta conseguir una textura de mermelada ligera.

4. Extendemos la mezcla sobre la hoja ParaFlexx® Premium de la deshidratadora, o sobre una hoja de silicona y deshidratamos durante 12 horas a 68 °C.

5. Una vez finalizado el proceso, rompemos la lámina transparente en trozos pequeños y reservamos en una caja hermética con gel de sílice hasta su utilización.

Para la crema de cereza:
6. Trituramos la pulpa de las cerezas y la xantana con la ayuda de una batidora. Pasamos por un colador fino, introducimos la mezcla en un biberón de plástico de cocina y reservamos en la nevera.

Para el montaje del plato:
7. En una cubeta plana, introducimos el agua y el cloruro cálcico reservados en el paso 2. Rellenamos otra cubeta solamente con agua.

8. Introducimos la mezcla del caviar en un biberón de cocina y escudillamos gota a gota en el baño de agua y cloruro cálcico.

9. Dejamos gelificar 1 minuto, retiramos el caviar con la ayuda de una cuchara coladora para esferificaciones y seguidamente introducimos en el baño de agua.

10. Servimos las láminas transparentes con el caviar por encima, un poco de crema de cereza y una cucharadita de caramelos carbonatados.

Más ideas
Podemos cambiar la cola por otra bebida, como refresco de naranja o zumo.

CANELÓN DE CAFÉ, CREMA DE WHISKY Y NATA

Tiempo: *40 minutos + 15 minutos de gelificación* • Dificultad: *fácil* • Para: *4 personas*

INGREDIENTES

4 bolas de helado de vainilla
Canela en polvo
4 galletas María

Para la crema de whisky irlandés:
100 g de leche
125 g de nata líquida
25 g de whisky irlandés
2 yemas
10 g de harina de maíz
40 g de azúcar
2 hojas de gelatina

Para el canelón de gelatina de café:
100 g de café largo
5 g de gelatina vegetal en polvo

Para la nata:
200 g de nata 35% M.G.

ELABORACIÓN

Para la nata:
1. Introducimos la nata en un sifón de ½ l, lo cerramos y ponemos 2 cápsulas de N2O. Agitamos y dejamos enfriar en la nevera.

Para la crema de whisky irlandés:
2. Hidratamos las hojas de gelatina en agua fría.

3. Hervimos la leche con la nata en un cazo.

4. Batimos las yemas y el azúcar con la ayuda de una batidora de varillas. Añadimos la harina de maíz, mezclamos e incorporamos la nata y la leche sin dejar de remover.

5. Calentamos la mezcla a fuego lento y removemos para que espese hasta conseguir una crema de textura brillante y cremosa.

6. Incorporamos las hojas de gelatina escurridas y el whisky. Cubrimos la crema con un papel film y dejamos enfriar.

7. Una vez fría, introducimos la crema en una manga pastelera y reservamos en la nevera hasta uso.

Para el canelón de gelatina de café:
8. Mezclamos en un cazo el café americano y la gelatina vegetal en polvo. Calentamos hasta llegar al punto de ebullición y vertemos el líquido sobre una bandeja plana (17 cm × 25 cm) para que se extienda. Dejamos gelificar unos minutos y cortamos con cuidado en 4 láminas iguales.

Para el montaje del plato:
9. Rellenamos con crema de whisky las láminas de gelatina de café y enrollamos para dar forma de canelón.

10. Servimos el canelón con una bola de helado de vainilla y un poco de nata montada con el sifón. Espolvoreamos con canela por encima y esparcimos unas cuantas galletas en el plato.

Más ideas

Si no tenemos sifón, podemos montar la nata con una batidora de mano. El proceso será más sencillo si colocamos el bol con la nata en el interior de un recipiente con agua y hielo.

CREMA DE LIMÓN, MERENGUE, FRAMBUESAS Y GALLETA CRUJIENTE DE ESPECIAS

Tiempo: *40 minutos* • **Dificultad:** *fácil* • **Para:** *4 personas*

INGREDIENTES

½ bandeja
  de frambuesas
8 hojas frescas de
  melisa o hierba luisa
Pétalos de flores
  comestibles

Para la crema de limón:
50 g de azúcar
Piel rallada de ½ limón
50 g de zumo de limón
50 g de nata
1 huevo
6 g de harina de maíz
15 g de mantequilla

Para el merengue:
200 g de claras de huevo
50 g de azúcar

Para la galleta crujiente:
½ cucharadita de
  especias mezcladas
  en polvo (cardamomo,
  canela, jengibre,
  pimienta)
50 g de mantequilla
  pomada
70 g de harina
1 yema de huevo
15 g de azúcar

ELABORACIÓN

Para la crema de limón:
1. Mezclamos en frío todos los ingredientes (menos la mantequilla) en un cazo y cocemos a fuego lento y sin parar de remover hasta obtener una consistencia cremosa.

2. Retiramos del fuego y añadimos la mantequilla. Dejamos enfriar.

Para la galleta crujiente:
3. Amasamos la harina y las especias con el azúcar. Incorporamos la yema y la mantequilla pomada para obtener la masa. Dejamos reposar 20 minutos en la nevera.

4. Sobre una hoja de silicona, troceamos la masa y horneamos a 180 °C durante unos 7 minutos.

Para el merengue:
5. Mezclamos las claras de huevo con el azúcar, batimos, introducimos en un sifón con una cápsula de N2O y reservamos en la nevera.

Para el montaje del plato:
6. Servimos la crema de limón con un poco de espuma de merengue por encima, la galleta de especias, las frambuesas, unas hojas de melisa o hierba luisa y los pétalos de flores para decorar.

Más ideas
Podemos quemar ligeramente el merengue con la ayuda de un soplete.

CROQUETAS DE ARROZ CON LECHE, CREMA FRÍA DE TURRÓN Y NARANJA CARAMELIZADA

Tiempo: 50 minutos + 2 horas de gelificación • Dificultad: media • Para: 4 personas

INGREDIENTES

Para el arroz con leche:
600 g de leche
60 g de arroz
70 g de azúcar
7 g de agar-agar
½ rama de canela
Piel de limón
Piel de naranja
2 *brioches* congelados
Harina
2 huevos
**Aceite de girasol
para freír**

Para la crema de turrón:
100 g de turrón de Jijona
**200 g de leche
semidesnatada**

**Para la naranja
caramelizada:**
½ naranja de mesa
50 g de azúcar

ELABORACIÓN

Para el arroz con leche:
1. Cubrimos de agua el arroz, llevamos a ebullición y escurrimos.

2. Cocemos el arroz a fuego lento con la leche, la piel de naranja, la piel de limón, la canela y el azúcar durante 25 minutos.

3. Pasamos por la batidora, añadimos el agar-agar y calentamos hasta alcanzar los 90 °C sin parar de remover.

4. Depositamos la mezcla en una bandeja de aluminio pequeña de 2 cm de alto, reservamos en la nevera durante 2 horas y, finalmente, cortamos en dados de 2 cm × 2 cm.

5. Rebozamos los dados de arroz con la harina, después con el huevo batido y finalmente con el *brioche* previamente rallado. Reservamos en la nevera hasta su uso.

Para la crema de turrón:
6. Mezclamos y calentamos la leche con el turrón hasta obtener una crema semilíquida. Dejamos enfriar.

Para la naranja caramelizada:
7. Cortamos la naranja con la piel en dados pequeños y salteamos en una sartén con el azúcar hasta que esté confitada.

Para el montaje del plato:
8. Freímos los dados de arroz con leche en aceite de girasol a 170 °C. Escurrimos sobre un papel absorbente y servimos acompañados de la crema de Jijona y de la naranja confitada.

ESPONJOSO DE ALBARICOQUE CON *FOIE MI-CUIT*, VAINILLA Y PAN DE ESPECIAS

Tiempo: 1 hora + 4 horas de congelación • **Dificultad:** alta • **Para:** 4 personas

INGREDIENTES

80 g de *foie mi-cuit*, previamente congelado (ver «Elaboración propia» en Glosario)
4 cucharaditas de aceite de vainilla
1 albaricoque
2 rebanadas de pan de especias

Para la textura arenosa con maltodextrina:

10 g de maltodextrina
20 g de grasa de *foie mi-cuit*

Para el esponjoso de albaricoque:

150 g de puré de albaricoque
20 g de azúcar
50 g de agua
7 g de instangel (gelatina en polvo)
6 g de albúmina

ELABORACIÓN

1. Retiramos el borde de las rebanadas del pan de especias, troceamos la miga interior y horneamos a 180 °C durante 4 minutos, aproximadamente. Dejamos secar fuera del horno, troceamos nuevamente para obtener una textura arenosa y reservamos en un recipiente hermético.

Para el esponjoso de albaricoque:
2. Mezclamos 150 g del puré de albaricoque con la albúmina y el agua. Montamos en la batidora hasta conseguir un merengue.

3. Pasamos por la batidora el resto del puré de albaricoque, el instangel y el azúcar durante 1 minuto.

4. Mezclamos las dos partes con una espátula de silicona, rellenamos un molde de 2 cm de alto y congelamos.

Para la textura arenosa con maltodextrina:
5. Vertemos la grasa del *foie mi-cuit* derretida sobre la maltodextrina y mezclamos hasta obtener una textura arenosa. Opcionalmente, podemos tostar la mezcla en la sartén.

Para el montaje del plato:
6. Sacamos del congelador el esponjoso de albaricoque, lo cortamos en dados de unos 5 cm × 5 cm y dejamos que se descongelen.

7. Emplatamos el esponjoso con el *foie mi-cuit* rallado por encima, el pan de especias, la maltodextrina, unos daditos de albaricoque y un poco de aceite de vainilla.

Más ideas
Podemos servir este postre como aperitivo y cambiar el albaricoque por mango o fresa.

GRANIZADO DE TÉ VERDE CON ESPUMA DE *YUZU*

Tiempo: 30 minutos + 4 horas de reposo y congelación ● Dificultad: fácil ● Para: 8 personas

INGREDIENTES

**Para la espuma
de *yuzu*:**
- 100 g de zumo de *yuzu*
- 100 g de agua mineral
- 100 g de jarabe
  (60 g de agua + 60 g
  de azúcar)
- 1,5 hojas de gelatina
  previamente remojada

**Para el granizado de
té verde:**
- ½ l de agua
- 70 g de azúcar
- 1 cucharadita de té verde
  en polvo

ELABORACIÓN

Para el jarabe:
1. Mezclamos el azúcar con el agua y dejamos reducir durante unos minutos hasta obtener 100 g de sirope.

Para la espuma de *yuzu*:
2. Disolvemos las hojas de gelatina remojadas en el jarabe caliente, añadimos el agua mineral y el zumo de *yuzu* colado.

3. Vertemos la mezcla en un sifón para espumas de ½ l, lo cerramos e introducimos 2 cápsulas de N2O. Agitamos y dejamos enfriar en la nevera durante 3 horas.

Para el granizado de té verde:
4. Preparamos una infusión con el agua, el té y el azúcar. Dejamos unos 10 minutos y colamos.

5. Introducimos la infusión en un recipiente y reservamos en el congelador. Removemos cada 20 minutos con una varilla hasta que se congele (unas 4 horas).

Para el montaje:
6. Con la ayuda de un tenedor, rascamos la superficie de la infusión helada para conseguir el granizado de té verde.

7. Llenamos de granizado una copa de postre hasta la mitad y acabamos con la espuma de *yuzu* por encima.

Más ideas
Para ganar tiempo, podemos introducir el sifón para espumas en un baño de agua con hielo.

MANZANA AL HORNO Y CROCANTI DE VAINILLA

Tiempo: 45 minutos + 6 horas de gelificación • Dificultad: fácil • Para: 8 personas

INGREDIENTES

4 cucharadas de azúcar

Para la manzana:
800 g de manzanas,100 g de azúcar, 1 rama de canela, la piel de 1 naranja y de 1 limón, 6 hojas de gelatina, 60 g de mantequilla, 100 g de agua

Para el crocanti y el crujiente:
200 g de crocanti de almendras, 8 bolas de helado de vainilla, 100 g de almendras tostadas, 70 g de azúcar

ELABORACIÓN

1. Retiramos el corazón de las manzanas e introducimos en su interior un trozo de canela, otro de piel de limón, uno de naranja, el azúcar y la mantequilla. Añadimos el agua y horneamos 30 minutos a 180 °C. Una vez cocidas, retiramos la canela y la piel de las manzanas y de los cítricos. Trituramos la pulpa de la fruta y añadimos el agua azucarada de su cocción y las hojas de gelatina remojadas antes en agua fría.

2. Vertemos el puré en un molde de silicona rectangular y dejamos gelificar en la nevera durante 6 horas.

3. Formamos 12 bolitas con el helado de vainilla. Las rebozamos en el crocanti y reservamos en el congelador.

Calentamos el azúcar y las almendras hasta obtener un caramelo. Estiramos sobre una hoja de silicona para que se enfríe y trituramos el caramelo.

4. Con una cuchara, depositamos un montoncito de polvo de almendra sobre la hoja de silicona y lo aplastamos. Horneamos a 180 °C durante 2 minutos y dejamos enfriar.

5. Con la ayuda de un soplete de cocina, quemamos cada rectángulo de manzana previamente espolvoreado con una cucharada de azúcar para conseguir un aspecto caramelizado.

6. Servimos el rectángulo de manzana al horno acompañado del crocanti de vainilla y el crujiente de almendras.

MOUSSE DE YOGUR DE CABRA, CALABAZA Y NARANJA

Tiempo: 30 minutos + 3 horas de congelación • Dificultad: fácil • Para: 4 personas

INGREDIENTES

**Flores comestibles
(jazmín, mimosa,
borraja, etc.)
1 naranja cortada
en gajos
4 galletas María**

Para la crema de
calabaza y naranja:
**100 g de calabaza
25 g de zumo de naranja
20 g de azúcar
de vainilla**

Para la *mousse*:
**175 g de yogur natural
ecológico de cabra
Esencia de mandarina
(opcional)
20 g de azúcar
1,5 hojas de gelatina
50 g de nata 35% M.G.
semimontada**

ELABORACIÓN

Para la *mousse* de yogur:
1. Mezclamos el yogur con el azúcar.
Calentamos una pequeña parte de dicha
mezcla y disolvemos en ella la gelatina
previamente remojada.

2. Dejamos enfriar e incorporamos la
nata semimontada con unas gotas de
esencia de mandarina.

3. Vertemos la *mousse* en un molde de
silicona y congelamos durante 3 horas.

4. Desmoldamos y reservamos en la
nevera hasta que se descongele.

Para la crema de calabaza y naranja:
5. Pelamos, troceamos, envolvemos
en papel de aluminio y horneamos la
calabaza durante unos 20 minutos.

6. Dejamos enfriar y pasamos por la
batidora con el zumo de naranja y
el azúcar de vainilla. Introducimos la
mezcla en una manga pastelera de
plástico.

Para el montaje del plato:
7. Servimos la *mousse* de yogur en un
plato de postre acompañada de unos
gajos de naranja, un poco de crema de
calabaza, las galletas María en polvo
y las flores comestibles.

Más ideas

Podemos cambiar el perfume y el color de
la *mousse* añadiendo una gotas de esencia
de violeta con un poco de colorante violeta
y acompañar con frutos del bosque.

BARQUILLO DE *MOUSSE* DE TURRÓN Y CAFÉ

Tiempo: 40 minutos + 3 horas de nevera para la espuma • **Dificultad:** media • **Para:** 10 personas

INGREDIENTES

**10 bolas de helado
de licor de avellanas**
*(ver «Elaboración
propia» en Glosario)*

Para la espuma de
turrón de Jijona:
**180 g de nata 35 %
70 g de leche entera
100 g de turrón
de Jijona
2 cucharadas de coñac**

Para la tierra de turrón
de Jijona y café:
**50 g de turrón de
Jijona desmigado
10 g de maltodextrina
2 g de café soluble**

Para los barquillos
transparentes:
**10 láminas de obulato
(de 9 cm x 9 cm)
80 g de azúcar isomalt**

ELABORACIÓN

Para la espuma de turrón de Jijona:
1. En un cazo, mezclamos y calentamos la nata con la leche y el turrón desmigado, sin dejar de remover y hasta conseguir una crema fina. Añadimos el coñac, pasamos por el túrmix y por un colador.

2. Con la ayuda de un embudo, introducimos la crema en un sifón para espumas, lo cerramos e introducimos 2 cápsulas de N2O. Agitamos y reservamos en la nevera durante 3 horas.

Para la tierra de turrón de Jijona y café:
3. Mezclamos el turrón desmigado, la maltodextrina y el café en polvo. Amasamos con la mano hasta conseguir una textura arenosa.

Para los barquillos transparentes:
4. En un cazo pequeño, cocemos el isomalt a fuego lento, removiendo de vez en cuando hasta que esté totalmente líquido.

5. Extendemos las láminas de obulato sobre una hoja de silicona. Pintamos una lámina con el azúcar isomalt líquido y la enrollamos sobre un tubo metálico antiadherente de repostería. Dejamos secar.

6. Repetimos la misma operación hasta conseguir los 10 barquillos transparentes y retiramos los tubos.

7. Reservamos los barquillos en un recipiente hermético con gel de sílice.

Para el montaje del plato:
8. En un plato de postre, servimos como base una bola de helado de licor de avellanas, un barquillo relleno de espuma de Jijona y la tierra de turrón y café por encima.

Más ideas

Si introducimos los barquillos (previamente elaborados según la receta) en la deshidratadora durante 6 horas a unos 65 °C, conseguiremos que la textura sea más crujiente y consistente.

Podemos servir el barquillo con una bola de helado de café ya elaborado en lugar de preparar el helado de licor.

Otra forma de elaborar los barquillos consiste en utilizar pasta *brick* cortada en rectángulos, pintada con mantequilla fundida y espolvoreada de azúcar glas, enrollarla sobre los tubos metálicos antiadherentes de repostería y hornearla durante 3 minutos a 180 °C.

NATA CON FRESAS

Tiempo: 30 minutos • Dificultad: media • Para: 4 personas

INGREDIENTES

Hojas de melisa
Fresa en polvo (opcional)
Frutos del bosque
   (grosellas, fresas
   y arándanos)
1 cucharadita
   de pimienta rosa

Para la crema
   de fresas:
250 g de fresas
80 g de azúcar
1 cucharada de agua
   de rosas
2,5 g de agar-agar

Para la nata montada:
250 g de nata 35% M.G.
15 g de azúcar
25 g de dextrosa
2 hojas de gelatina

ELABORACIÓN

Para la crema de fresas:
1. Batimos las fresas, previamente lavadas y cortadas, hasta obtener una crema natural.

2. En un cazo, calentamos la crema de fresas, el agua de rosas, el agar-agar y el azúcar sin parar de remover hasta alcanzar el punto de ebullición. Vertemos la crema en una bandeja y dejamos gelificar.

3. Una vez gelificada, volvemos a pasar por la batidora hasta obtener una textura fina.

4. Introducimos la crema en una manga de repostería y reservamos en la nevera.

Para la nata montada:
5. Mezclamos una parte de la nata con el azúcar y la dextrosa, calentamos y añadimos las hojas de gelatina previamente remojadas en agua fría fuera del fuego.

6. Dejamos enfriar e incorporamos la otra parte de la nata que tenemos reservada en la nevera.

7. Con la ayuda de un batidor de varillas, montamos la nata sobre un bol con hielo. Introducimos en una manga pastelera y reservamos en la nevera o congelador.

Para el montaje del plato:
8. Sobre un plato de postre, dibujamos dos espirales con la crema de fresa y la nata montada. Disponemos por encima las frutas del bosque, las hojas de melisa, la pimienta rosa y la fresa en polvo.

> **Más ideas**
> Para obtener fresa en polvo, secamos las frutas (previamente cortadas en rodajas) en el horno a baja temperatura o en la deshidratadora y luego las trituramos con la ayuda de un molinillo.

PIÑA, QUESO GRIEGO, HELADO DE COCO Y MERENGUE

Tiempo: 15 minutos + 12 horas de reposo + 3 horas de deshidratación • **Dificultad:** fácil • **Para:** 12 personas

INGREDIENTES

½ piña
2 cucharadas de azúcar
50 g de mantequilla
8 hojitas de stevia
1 lima

Para el bombón
de yogur griego:
2 yogures griegos
30 g de azúcar
½ cucharadita de piel
de lima rallada
½ l de agua
2,5 de alginato

Para el merengue:
2 claras de huevo
80 g de azúcar
½ cucharadita de pasta
de vainilla Bourbon

Para el helado de coco:
200 g de leche de coco
50 g de coco rallado
65 g de fructosa
150 g de bebida de arroz
bio

ELABORACIÓN

Para el bombón de yogur griego:

1. Pasamos por la batidora el agua mineral con el alginato. Dejamos reposar en la nevera durante 12 horas.

2. Mezclamos el azúcar con los yogures griegos y la piel de lima rallada.

3. Preparamos una cubeta plana con la mezcla de agua y alginato, y otra cubeta con agua sola.

4. Llenamos de yogur una cuchara dosificadora mediana para esferificaciones y la sumergimos en el baño de agua y alginato durante 1 minuto. Sacamos los bombones con la ayuda de una cuchara coladora para esferificaciones y los introducimos en el baño de agua natural. Reservamos en un jarabe.

Para el helado de coco:

5. En un cazo, calentamos la leche de coco, el coco rallado y la fructosa hasta alcanzar los 60 °C. Dejamos enfriar e incorporamos la bebida de arroz.

6. Introducimos en el congelador y removemos con la ayuda de una batidora cada 30 minutos.

Para el merengue:

7. Con una batidora de varillas, montamos las claras hasta que queden muy consistentes e incorporamos poco a poco el azúcar. Añadimos la pasta de vainilla y mezclamos bien.

8. Aplicamos varios puntos de merengue sobre una hoja de papel de horno y horneamos durante 3 horas a 90 °C.

Para el montaje del plato:

9. Cortamos la piña en dados medianos y salteamos con un poco de mantequilla y azúcar. Dejamos enfriar.

10. Disponemos los dados de piña en el plato, unos bombones de queso griego y una bolita de helado de coco con el merengue de vainilla. Terminamos decorando el conjunto con unas hojitas de stevia y un poco de ralladura de lima.

Más ideas

Como alternativa a la pasta de vainilla podemos utilizar las semillas del interior de la vaina de dicha planta.

PIRULETA DE CHOCOLATE BLANCO CON FRESAS, AGUA DE ROSA Y REMOLACHA

Tiempo: 1 hora + 6 horas de congelación • **Dificultad:** alta • **Para:** 8 personas

INGREDIENTES

300 g de fresas cortadas en daditos
200 g de chocolate blanco
100 g de manteca de cacao
Flores
4 hojas de menta

Para la crema de remolacha:

½ remolacha cocida
30 g de azúcar
30 g de agua

Para la gelatina de agua de rosa:

2 cucharadas de agua de rosa
100 g de agua
60 g de azúcar
2 hojas de gelatina previamente remojadas en agua fría
Colorante rojo (la punta de un cuchillo)

Para la crema de fresa:

250 g de fresas
25 g de azúcar
1,5 g de xantana

ELABORACIÓN

Para la crema de remolacha:
1. Pelamos y cortamos la remolacha en trozos medianos e introducimos en un bol grande con el azúcar y el agua. Trituramos en la batidora hasta conseguir una textura muy fina.

2. Introducimos la crema en una manga de plástico desechable y reservamos.

Para la gelatina de agua de rosa:
3. En un cazo pequeño, mezclamos todos los ingredientes y hervimos. Vertemos la mezcla en un recipiente pequeño, dejamos cuajar en la nevera durante 3 horas y cortamos en dados de 1 cm.

Para la crema de fresa:
4. Lavamos y cortamos las fresas. Pasamos por la batidora con el azúcar hasta obtener un puré fino. Incorporamos la xantana para espesar.

5. Vertemos la crema en un molde semiesférico de silicona (35 mm) y congelamos durante 6 horas.

Para el baño de chocolate blanco:
6. En el microondas, fundimos el chocolate blanco con la manteca de cacao. Mezclamos y dejamos que se enfríe hasta los 36 °C aproximadamente.

7. Retiramos las medias esferas del congelador y las unimos entre ellas formando varias bolas.

8. Ensartamos las bolas de fresa en 4 broquetas de madera (de unos 15 cm) y las introducimos brevemente en la mezcla de chocolate blanco. Dejamos enfriar durante unos segundos.

Para el montaje del plato:
9. Servimos la piruleta sobre los daditos de fresa cortados, adornamos con unos dados de gelatina de agua de rosa, un poco de crema de remolacha, unos pétalos de flores comestibles y menta fresca.

Más ideas

Podemos utilizar frutos rojos en lugar de fresas para elaborar la crema del interior de la piruleta.

KIR DE VINO BLANCO EN VERSIÓN MOLECULAR

Tiempo: 15 minutos + 3 horas de reposo • Dificultad: fácil • Para: 4 personas

INGREDIENTES

Pétalos de flores
  comestibles y de
  diferentes colores
15 g de frutos
  rojos liofilizados
Grosellas y arándanos

Para el jarabe de hibisco:
100 g de agua
25 g de azúcar
12 g de flor de
  hibisco seca

Para el *kir* de vino
  blanco y crema
  de *cassis*:
320 g de vino blanco frío
80 g de crema de *cassis*
100 g de jarabe de
  hibisco (elaboración
  anterior)
1,4 g de xantana

Para el caviar de coco:
125 g de leche de coco
1 g de alginato

Para el baño:
500 g de agua mineral
3,3 g de cloruro cálcico

ELABORACIÓN

Para el jarabe de hibisco:
1. En un cazo, calentamos y llevamos a ebullición el agua y el azúcar. Retiramos del fuego, incorporamos el hibisco seco y dejamos infusionar tapado hasta que el jarabe se enfríe.

Para el *kir*:
2. Colamos el jarabe, recuperamos 100 g del sirope elaborado, añadimos el vino blanco y la crema de *cassis*. Mezclamos con la batidora eléctrica e incorporamos poco a poco la xantana. Reservamos en el frigorífico durante 3 horas hasta que se eliminen las burbujas de aire. La consistencia adquirida nos permitirá mantener los elementos en suspensión en el momento de servir.

Para el caviar de coco:
3. Con la ayuda de la batidora, mezclamos ligeramente la leche de coco con el alginato y dejamos reposar durante 3 horas.

Para el baño:
4. Disolvemos el cloruro cálcico en el agua mineral y dejamos reposar durante 1 hora.

5. Preparamos dos cubetas planas: una con la mezcla de agua y cloruro cálcico y otra con agua mineral.

6. Llenamos una jeringuilla con la mezcla de leche de coco y alginato, y escudillamos gota a gota en el baño de agua y cloruro cálcico.

7. Dejamos gelificar durante 1 minuto, retiramos el caviar con la ayuda de una cuchara coladora para esferificación y seguidamente lo introducimos en el baño de agua mineral. Reservamos.

Montaje del *kir*:
8. Vertemos el *kir* muy frío en el interior de varias copas, incorporamos las grosellas y arándanos, el caviar de coco y los pétalos de flores, removiendo con cuidado para que los ingredientes se repartan y queden en suspensión. Antes de servir, añadimos por encima frutos rojos liofilizados y algún pétalo más.

Más ideas

Una vez espesado el *kir* con la xantana, podemos envasarlo al vacío para extraer las burbujas de aire atrapadas en su interior y así ahorrarnos las 3 horas de espera.

¿POR QUÉ EL POSTRE «EVOLUCIÓN Y REVOLUCIÓN»?

La idea de este postre nos viene después de asistir a una conferencia de Jordi Roca, donde explicaba la historia de su famoso postre «Anarquía». Una creación compuesta por cincuenta elementos de diferentes sabores, texturas, formas y colores, colocados sin pensar, de una forma muy original. Un postre que hablaba por sí solo, una explosión de colores... ¡Una dulce diversión!

Becky se quedó entusiasmada por este magnífico postre y me comentó si quería crear una versión simplificada y personalizada para mi libro... y yo acepté el reto.

A partir de ese momento, me inspiré en una de mis creaciones dulces de 2011 para el menú degustación de L'Atelier llamada «Carajillo de Baileys y chocolate». Un postre inspirado en el carajillo que me tomaba cada día en el bar con un trozo de chocolate. Mi pequeño capricho del día.

Esta receta actualizada en 2013 era perfecta para crear «Evolución y revolución», versión 2015.

La evolución, respecto a las dos versiones anteriores, consistía en adaptar los perfumes, especias y tonos cálidos para que congeniaran en armonía con sus colores, texturas y sabores en boca.

La «revolución» consistía en transformar el carajillo de Baileys en un postre completamente diferente y jugar con productos y texturas utilizados en muchas recetas saladas y dulces del libro, para plasmarlas en un postre divertido, sin orden de prioridad, pero con sentido común de alegría... Éste es mi homenaje a Jordi Roca.

AGRADECIMIENTOS

Quiero dar las gracias de todo corazón a todas las personas que han trabajado, colaborado y aportado su granito de arena para hacer realidad un sueño: mi primer libro.

A Esther Sanz y a Ediciones Urano, por apostar por mí como cocinero.

A Jordi Roca, por dedicar una parte de su escaso tiempo a escribir mi prólogo.

A Le Creuset, por su colaboración y especialmente a Marcia, Paula e Ignasi por su amabilidad y cercanía.

También agradecer a los proveedores que me han facilitado el trabajo, Sosa Ingredients, Jaime Sabatés (flowers2eatbio), Xevi Ramon (Triticum), Dídac (L'Hort d'en Dídac) y al resto de proveedores por sus magníficos productos.

A Luesma Vega, Esther y Xavi, dos artistas que, gracias a su genialidad y creatividad sin límites, han dado valor a mis recetas ofreciéndome sus platos artesanales para cada una de mis creaciones.

Gracias especialmente a Becky Lawton y a su equipo (Míriam y Bjorn), por su confianza en mí y su extraordinario trabajo durante todos estos meses. Y a todos los cocineros y cocineras, por sus risas y por compartir su cocina en la «jamesession» de Delicooks…

A Mercè Passola, Adriana Ortemberg, Marisa Aguirre, Javier Medvedovsky, Toni Rodríguez, Iker Erauzkin y a las otras personas que no olvido.

A Becky me gustaría dedicarle unas palabras además de mi agradecimiento, pues gracias a ella mis sueños se han materializado. Gracias por tu apoyo, ideas, cariño, sensibilidad, pasión y, en definitiva, gracias por tu amistad.

Finalmente, gracias a toda mi familia y a Valérie, por haber confiado en mí y apoyarme incondicionalmente durante todos los meses en los que no les he podido dedicar mi tiempo libre. Gracias por vuestra fe en mí desde que nació la idea de L'Atelier d'Stéphane.

ÍNDICE DE RECETAS

GLOSARIO

TEXTURAS

Gelificantes

Agar-agar: Extracto de algas rojas utilizado como gelificante natural. Pertenece a la familia «Gélidia-cées». Empleado en Japón, China y Asia en general.
Utilización: Se mezcla en frío con un líquido y se lleva al punto de ebullición. Gelifica de forma rápida y resiste temperaturas de hasta 80° C.

Gelatina vegetal: De origen vegetal, se compone de una mezcla de *carragenato* (extracto de algas rojas que provienen de las costas del Atlántico Norte) y *goma garrofín* (extracto de las semillas del algarrobo).
Utilización: Se mezcla en frío con un líquido y se lleva al punto de ebullición. Gelifica de forma rápida y resiste temperaturas de hasta 60° C.

Goma gellan: Goma vegetal en forma de polisacá-rido. Se obtiene de la fermentación de la bacteria «*sphingomonas elodea*».
Utilización: Se mezcla en frío con un líquido y se lleva al punto de ebullición. Gelificante rígido que resiste temperaturas de hasta 90° C. Permite también hacer crujientes con formas.

Hoja de gelatina: Se elabora con el colágeno de distintos animales. Se presenta en hojas rectan-gulares, transparentes y rígidas.

Utlización: Hidratar en agua fría durante unos minutos. Mezclar en líquidos calientes o tem-plados. Su disolución es rápida y gelifica a las 3 horas. No resiste el calor, por lo que sirve solo para elaboración fría.

Instangel: De origen animal, es un sustituto en polvo de las hojas de gelatina.
Utillización: En frío con cualquier preparación con contenido en agua. Gelifica a los 20 minutos aproximadamente.

Kappa: Alga tradicional productora de carrage-nano, conocida como «musgo irlandés», el cual vive en agua fría. Empleada desde hace 600 años.
Utilización: Se mezcla en frío con un líquido y se lleva al punto de ebullición. Gelificante rígido que aresiste temperaturas de hasta 60° C.

Esferificación

Gluconolactato de calcio: Mezcla de dos sales de calcio (gluconato cálcico y lactato cálcico).
Utilización: Disolución en frío con un líquido utilizando un túrmix o varillas.
Se utiliza para los procesos de esferificaciones inversas y en la industria alimentaria para enri-quecer de calcio diversos alimentos.

Alginato: Producto de origen natural extraído de las algas pardas (laminaria, macrocystis, etc.). Las algas utilizadas para la extracción de alginatos provienen de las costas de California, Australia y Sudamérica principalmente.

Utilización: Se disuelve en frío con un líquido utilizando un túrmix o varillas. Permite la realización de la esferificación, gelificando al contacto del gluconolactato cálcico.

Cloruro cálcico: Producto mineral, la sal de calcio se utiliza en la alimentación y en la elaboración de los quesos. Tiene como función dar mayor firmeza para cuajar.

Utilización: Soluble en agua fría, permite crear la esferificación (el caviar) en contacto con el alginato.

Espesantes

Xantana: Producto de origen vegetal que proviene de la fermentación del almidón de maíz con una bacteria natural presente en la col.

Utilización: Disolución en frío o caliente. Se usa como espesante para salsas, *coulis*, vinagretas, cremas, merengues, etc.

Kuzu: Raíz que proviene de la planta *Pueraria thunbergiana,* de donde se extraen los almidones de la fibra y las impurezas, que se secan al aire libre, en un proceso totalmente artesanal. Utilizado en la Medicina Tradicional China.

Utilización: Disolver en líquidos fríos (leches aromatizadas, caldos, infusiones, agua, etc.) y cocer a fuego lento durante unos minutos para obtener una textura gelatinosa o para espesar una salsa. El kuzu nos permite la elaboración de cremas dulces, saladas, aderezos, ñoquis y texturas crujientes.

Emulsionantes

Lecitina de soja: De origen vegetal, se extrae de la proteína del haba de la soja, utilizada en las dietas por su aporte de ácidos grasos esenciales (el linoleico) y vitaminas, y regular el colesterol.

Utilización: Mezclar en frío con un líquido y emulsionar con el túrmix para obtener una textura de «aire» con burbujas pequeñas.

Sucro emul: Emulsionante natural derivado de la sacarosa, obtenido a partir de ésta y de los ácidos grasos (sucroéster).

Utilización: Se recomienda mezclar en un líquido frío o con algo de temperatura, y emulsionar con el túrmix para obtener una textura «aire», con burbujas pequeñas y mayor estabilidad. Por sus propiedades aireantes permite la elaboración de aire con bebidas alcohólicas o con aceite mezclado con agua.

Glicerina: De origen vegetal, es un líquido viscoso, incoloro, inodoro, higroscópico y dulce.

Utilización: Se mezcla en frío o caliente según la preparación. Su utilización sirve para la elaboración de helados o sorbetes, como anticongelante y como emulsionante para la unión de aceite.

Estabilizantes

Procrema frío 100 (Sosa): Mezcla de azúcares, estabilizantes y grasas vegetales hidrogenadas. Permite estabilizar y regular la textura de helados y espumas.

Utilización: Se disuelve en frío en la preparación, siendo aconsejable dejarlo reposar 24 horas para obtener un mejor resultado.

Prosorbet (Sosa): mezcla de azúcares y estabilizantes. Permite estabilizar y regular la textura de los helados y sopas frías

Utilización: Se disuelve en frío en la preparación, es aconsejable dejarlo reposar 24h para obtener un mejor resultado.

Agente aireante

Albúmina en polvo: De origen animal, es la principal proteína de la clara de huevo. Se obtiene al separar la clara de la yema y posteriormente se procede a la deshidratación. Utilizado principalmente en la repostería y panadería.

Mezclar en frío con un líquido (agua, pulpa), dejar hidratar y montar con la batidora para la elaboración de merengue, *mousse, marshmallow,* etc.

Agente de carga

Maltosec: Maltodextrina de tapioca. Hidrato de carbono extraído de la tapioca, tiene gran poder de absorción de las grasas para quedarse seco.

Utilización: Añadiendo cualquier producto graso (aceites, chocolate, praliné, etc.), nos permite obtener unas texturas de arena, piedras o polvos. Igualmente se utiliza para realizar polvorones y crujientes de frutos secos.

Textura efervescente

Peta Zeta de chocolate: Granulado de chocolate gasificado con dióxido de carbono bajo presión.

Utilización: Frecuente en la repostería actual para dar un toque divertido y «chispeante» en boca. También existe el Peta Zeta neutro, que es sólo azúcar.

Textura crujiente

Air bag granet (cerdo): Producto preparado de la gama *Sosa ingredientes* que contiene corteza de cerdo, sal y antioxidantes.

Utilización: Como complemento crujiente para dar un toque original a un plato de carne, snacks o aperitivos

Azúcares tecnológicos

Glucosa: Monosacárido que proviene de un forma de azúcar que se encuentra libre en las frutas y la miel. Su textura es parecida a la de un jarabe (elástica) o a la del polvo.

Utilización: En la elaboración de helados y sorbetes, para proporcionar una mayor elasticidad y reducir la cristalización. También muy utilizado en repostería, bollería, bombones y caramelos.

Dextrosa: Carbohidrato monosacárido con la misma fórmula que la glucosa. Un azúcar con aspecto de polvo cristalino, incoloro y dulce.
Utilización: Principalmente utilizado para la elaboración de helados y sorbetes, para mejorar su textura, equilibrar la dulzura y reducir el tiempo de congelación.

Fructosa: Forma de azúcar encontrada en vegetales, miel y frutas. Es un monosacárido al igual que la glucosa, con diferente estructura molecular.
Utilización: Para la elaboración de postres, helados, mermeladas y edulcorante para diabéticos.

Fondant: Mezcla de gelatina, agua fría, glucosa, mantequilla, azúcar glass y saborizante llevado a una temperatura de 100 °C -200 °C, para obtener una consistencia cremosa, brillante y flexible. Existen tres maneras de preparar el fondant, según la elaboración: fondant líquido, fondant elástico y fondant extendido (frío).
Utilización: Permite crear formas, objetos y figuras artísticas o cubrir bizcochos y pasteles.

Isomalt: Disacárido sustituto del azúcar con pocas calorías, está compuesto por una mezcla de glucosa, sorbitol y manitol (compuesto orgánico derivado del azúcar, de la familia de los polioles). Posee la característica de no absorber la humedad y no cristalizar como el azúcar.

Utilización: Un caramelo maleable con temperatura que permite la realización de formas artísticas y esculturas con azúcar soplado. Igualmente muy utilizado en la cocina y repostería de vanguardia.

Otros productos

Ácido ascórbico: Cristal incoloro e inodoro, sólido y soluble en agua con un sabor ácido. Es un ácido orgánico con propiedades antioxidantes.
Utilización: Principalmente diluido en agua cuando se limpian y tornean las alcachofas, o directamente en cremas para evitar su oxidación, como la crema de aguacate. Siempre en cantidades muy pequeñas.

Ajo negro: Ajo cuya elaboración totalmente natural proviene de un proceso de ahumado con leña de un determinado tipo de árbol japonés. Fermentación con una temperatura y humedad definida. Sus propiedades son muy beneficiosas para la salud.
Utilización: En elaboraciónes dulces o saladas (crema, sopa, salteado de verduras, pescado, carne, etc.).

Caviaroli: Caviar de aceite de oliva procedente de una tecnología de encapsulación que permite obtener unas pequeñas esferas parecidas al caviar. Existe con sabor a sésamo, avellanas, albahaca, guindillas y romero.
Utilización: Para cualquier tipo de *carpaccio* (carne o pescado) y platos de moluscos crudos o marinados principalmente.

Citronella: Planta también llamada «lemon grass», «hierba limón», «hierba luna», «zontol» o «zacate». La citronella tiene su origen en el sur de India y pertenece a las especies «herbáceas», de la familia de las gramíneas, con una altura de hasta 2 metros. Utilizada en medicina y en cosmética.

Utilización: De sabor sutil y agradable a limón con un toque agridulce, la citronella se emplea en la cocina para caldos, mayonesas, salsas, infusiones, marinadas, emulsiones y como sustituto de la cáscara de limón.

Espaguetis de mar (alga comestible): *Fucus elongadus*, alga alargada estrecha y carnosa parecida a los «tallarines», muy popular en Europa. Crece en los mares profundos y de aguas agitadas de Noruega, Portugal y Cantábrico.

Utilización: Utilizada en muchas preparaciones, como ensaladas, salteados, patés y pastas.

Gomasio: Receta oriental a base de semillas de sésamo tostadas y mezcladas con cristales de sal marina, de color oscuro. Muy utilizado como saborizante natural en la cocina japonesa y en macrobiótica por su alto contenido en proteínas y calcio.

Utilización: Exquisito condimento para realzar los sabores para cualquier preparación culinaria (ensaladas, verduras, sopas, etc.).

Obulato: Hoja muy fina transparente compuesta de almidón de patata, aceite de girasol y lecitina de soja. Proviene de Japón, donde es utilizada como envoltorio de fármacos.

Utilización: Para la elaboración de *snacks* secos o crujientes, dulces o salados, como envoltorio de aperitivos, etc.

Pasta *brick*: Finísima lámina redonda de masa hecha de agua, trigo y sal.

Utilización: Nos permite hacer elaboraciones dulces o saladas, con rellenos y formas de texturas crujientes. Muy utilizada en la repostería árabe.

Quinoa: Considerada un grano, es la semilla de una hierba que pertenece a la familia de las gramíneas. Producto cultivado en los Andes de Bolivia, Perú, Argentina, Colombia y Chile. Muy interesante por su alto contenido en proteínas, minerales y vitaminas.

Utilización: Su utilización en cocina ofrece muchas posibilidades para elaborar platos, salteados con verduras, *risottos*, ensaladas, postres y crujientes, dulces o salados, como *snacks*.

Sal negra de Hawái: Sal volcánica que nace del encuentro del mar con rocas volcánicas ricas en carbono activo.

Utilización: Utilizada como flor de sal en los platos de pescados y carnes a la plancha, así como para sazonar las verduras.

Shiitake (*Lentinula edodes*). Seta comestible originaria de Asia del este, donde se cultiva desde hace más de mil años. Muy preciado hoy en día en Europa, el shiitake tiene grandes propiedades medicinales, aparte de nutritivas.

Utilización: Este hongo se emplea crudo para ensaladas y aperitivos o salteado con verduras, arroces, cereales, cremas o caldos.

Trigo sarraceno o alforfón: Pseudocereal de pequeño grano triangular que pertenece a la familia de las polygonaceas. Originario de Asia central pero cultivado hoy en día en muchos países.

Utilización: En la cocina vegana y vegetariana como plato principal con verduras y tofu. Para acompañar carne y pescado o para hacer galletas con su harina. Actualmente para elaborar crujientes salados para servir como *snacks*.

Miso: Pasta hecha con semillas de soja, cereales y sal marina, obtenida a partir de un largo proceso de fermentación. Durante siglos fue considerado un alimento curativo.

Utilización: Condimento empleado para sopas, patés, legumbres y cereales.

Té Matcha: Té verde molido empleado en la ceremonia japonesa del té. De origen chino, es extraído de la misma planta que el té negro, pero sin proceso de fermentación.

Utilización: Para cualquier elaboración de repostería, bizcochos, galletas, trufas, *mousses*, sorbetes, granizados, helados e infusiones.

Tofu: Cuajada de la leche de soja. Alimento de origen chino muy empleado en la cocina japonesa, de aspecto parecido al queso y de sabor neutro. Aporta una fuente principal de proteínas a la dieta.

Utilización: Para cualquier receta o plato frío, caliente, salado o dulce.

Wasabi: Condimento japonés extraído de la raíz de la misma planta. Tiene dos células (dulce y picante) que, al rallarlas de forma circular, aportan un aroma parecido a la mostaza. En el mercado actual se vende en formato de pasta verde.

Utilización: La planta de *wasabi* ofrece varias posibilidades en la cocina:

La raíz se utiliza generalmente para realzar el sabor de la salsa de soja o en mayonesa para acompañar el *sushi* o *sashimi*.

Los tallos de color verde y de sabor dulce se emplea para combinar con un salteado de verduras y setas.

La hoja de color verde puede ser el envoltorio perfecto para un aperitivo o para elaborar un pesto.

Wakame: Alga comestible de color verde y de sabor dulce cultivada desde hace siglos en Japón y Corea, así como en Francia desde 1985. Se encuentra deshidratada o salada.

Utilización: En ensaladas, sopas o como guarnición.

Yuzu: Cítrico de origen asiático parecido a una pequeña naranja de color amarillo o verde. Su sabor recuerda a la mandarina y al limón.

Utilización: Para elaboración de salsas, vinagretas, mermeladas, *mousses*, espumas y caldos.

Hielo seco: Dióxido de carbono en estado sólido (CO_2), llamado así por su estado en forma de hielo pero seco.

Utilización: Para conservar productos congeladoscuando son transportados, crear un efecto de humo frío en coctelería o hacer preparaciones instantáneas, como la elaboración de sorbete de naranja.

ELABORACIÓN PROPIA

Caldo vegetal: *1,5 l de agua, 2 zanahorias, 1 puerro, 1 cebolla, 100 g de apio, 1 hoja de col verde, 1 diente de ajo con piel, sal, granos de pimienta.*
Ponemos en una olla el agua con las verduras lavadas y cortadas con el resto de los ingredientes a cocer a fuego medio durante 20 minutos. Fuera del fuego dejamos enfriar y colamos.
Reservamos en la nevera o en el congelador.

Caldo de pollo: *2,5 l de agua, 2 zanahorias, 1 puerro, 1 cebolla, 100 g de apio, 1 hoja de col verde, 1 diente de ajo con piel, ½ pollo, 1 hueso de jamón, sal, granos de pimienta.*
Ponemos en una olla el agua con el pollo, las verduras lavadas y cortadas con el resto de los ingredientes a cocer a fuego medio durante 40 mi-

nutos. Fuera del fuego dejamos enfriar y colamos. Reservamos en la nevera o en el congelador.

Aceite de vainilla: *1 rama de vainilla, 300 ml de aceite de girasol, 200 ml de aceite de oliva suave.*
Abrimos la vaina de vainilla a lo largo con la ayuda de un cuchillo, rascamos para extraer las semillas y lo ponemos a confitar con los aceites a 40 °C durante unos minutos, dejamos enfriar y reservamos bien tapado para conservar su aroma.

Sal de cítricos: Pelamos la piel de los cítricos (3 naranjas, 1 limón y 1 lima) y las secamos sobre una hoja de papel de horno, en la cocina, a temperatura ambiente durante unas horas. Una vez secas las pasamos por el molinillo eléctrico o por la Thermomix hasta obtener un polvo anaranjado muy perfumado, añadimos los 500 g de sal fina y volvemos a triturar unos segundos más.

Sal de algas: Pasamos por el molinillo eléctrico o por la Thermomix 500 g de sal fina con una hoja de alga *kombu* seca.

Sal de hierbas: Desgranamos 2 ramas pequeñas de tomillo, 1 rama de romero y 2 ramas de orégano fresco y las secamos en el horno sobre un papel de horno durante 15 minutos a 90 °C.
A continuación, pasamos las hojas por el molinillo eléctrico o por la Thermomix con 500 g de sal fina.

Sal de setas: Pasamos por el molinillo eléctrico o por la Thermomix 250 g de sal fina con 2 cucharadas soperas de polvo de setas deshidratadas (ceps, trompetas de la muerte o múrgulas).

Quinoa inflada: Hervimos la quinoa en agua con sal unos 12 minutos, escurrimos, la secamos en la deshidratadora durante 7h a 37 °C y la freímos en aceite de girasol a 180 °C.

Arroz inflado: Hervimos el arroz en abundante agua con sal unos 25 minutos, escurrimos, enfriamos, lo secamos en el horno durante 3h a 80 °C y lo freímos en aceite de girasol a 180 °C.

Helado de licor de avellana: *200 g de leche semidesnatada, 25 g de azúcar, 5 g de glucosa en polvo, 1,5 cucharadas soperas de praliné, 75 g de licor de avellanas, 50 g de pro crema Sosa 100 frio.*
Elaboración: Calentamos la leche con el praliné, el azúcar y la glucosa. Dejamos enfriar e incorporamos el licor de avellana y el procrema, pasamos por el túrmix y congelamos.
Dejamos a temperatura ambiente unos minutos antes de servir o pasamos por la Pacojet.

Sorbete de aguacate: *250 g de pulpa de aguacate, 180 g de agua natural, 70 g de azúcar, 20 g de dextrosa, 2 g de estabilizante para helados y 1g de ácido ascórbico.*
Elaboración: Prepararamos un jarabe con el agua, el azúcar y la dextrosa, añadimos el ácido ascórbico, el estabilizante y la pulpa de aguacate. Pasamos por el túrmix y congelamos.

Dejamos a temperatura ambiente unos minutos antes de servir o pasamos por la Pacojet.

Infusión de leche de almendras, canela y cáscaras de cítricos: *1 l de agua, 150 g de almendras, 1 rama de canela, ½ cucharadita de café de cardamomo, cáscara de ½ naranja y cáscara de ½ limón, 20 g de azúcar.*
Elaboración: Hidratamos las almendras en agua durante una noche como mínimo, las escurrimos y las enjugamos. En un bol alto, ponemos las almendras limpias con el litro de agua, pasamos por el túrmix y filtramos por un colador muy fino o superbag. Incorporamos la canela, el cardamomo, las cáscaras de los cítricos y el azúcar, llevamos al punto de ebullición y dejamos infusionar 15 minutos fuera del fuego. Pasamos por un chino para recuperar la leche infusionada.